수수재 독서일기

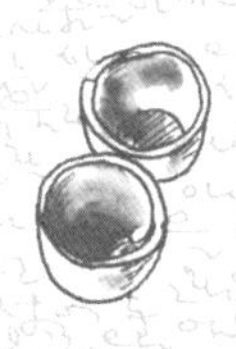

수수재 독서일기

글·그림 고재석

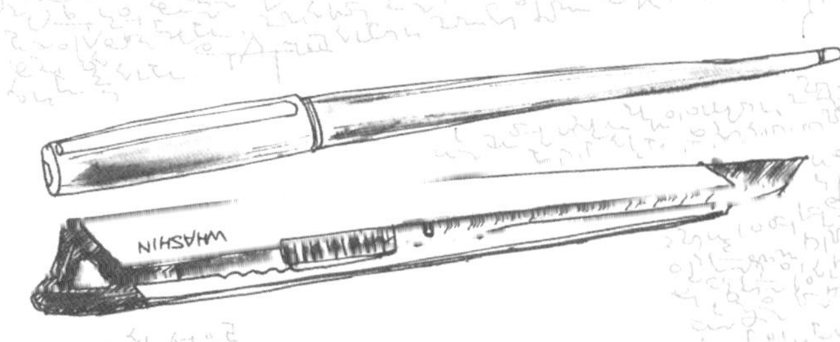

한걸음·더

| 책머리에 |

초등학교 시절, 그림일기는 가장 힘들고 즐거웠던 방학숙제였다. 글과 그림의 행복한 만남이었다. 그러나 중학교에 진학하면서 가난한 사람은 미술을 할 수 없다는 편견과 단정에 무릎을 꿇고 일기장으로 숨어들었다. 문학을 사랑해서 그랬던 것은 아니다. 불안했던 것이다.

상처받은 영혼처럼 동굴에 갇혀 살던 어느 날, 독서라는 영혼의 여행에 동참하고 거기서 받은 느낌을 일기장에 적고 싶었다. 고백과 반성으로 요약되는 자기발견에 지쳤는지 모른다. 자기 자신을 포함한 모든 존재에 대한 이의제기로서의 문학을 뒤늦게 만나는 과정은 참담하지만 황홀했다. 햇빛 쏟아지는 광장에서, 시간과 공간을 뛰어넘어 다양한 사람들과 마주보며 거리낌 없이 대화하는 기분이었다. 문학도 미술도 사랑했기에 미워했음을 깨달았다.

이런 연유로 여기서 다루는 책은 다양하다. 우리들의 개인적 경험을 넘어서서 의미를 추구하는 노력의 집대성이라면 수용하고자 했다. 또한 독서를 통한 감·동·변·화의 과정을 기록했을 뿐, 그 책의 가치나 작가 정보는 말하지 않았다. 독서가 이해관계를 초월하고 어떤 특정한 목적에 예속되지 않는 자기실현의 다른 이름이라면, 나머지는 독자의 몫이라고 생각했다.

한 개인의 독서일기, 아니 제가 그린 드로잉을 삽회로 넣은 어른의 그림일기와도 같은 이 책이 그대로 하여금 이 책 자체보다도 그대 자신에게, 그리고 그대보다 다른 모든 것에 흥미를 가지도록 해주었으면 좋겠다. 순간, 우리 역시 그렇게 하고 싶지만 시간이 없어 독서를 하지 못한다는 푸념이 들려오는 것 같다. 안다. 그러나 이런 사정은 앞으로도 바뀌지 않는다. 모든 기쁨은 그것이 제한되기에 오히려 절실하지 않을까. 결핍과 구속이야말로 독서의 즐거움을 누리기 위한 조건임을 깨닫지 못했던 지난날을 후회하면서 기록한 이 글을 세상에 내놓는 이유가 여기에 있다.

'한걸음·더'의 편집부와 인연의 길을 함께 걷고 있는 여러분들이 있어 부실한 글이 야무지고 탄탄한 책으로 세상에 나올 수 있었다. 감사의 말씀을 드린다. 늑장을 부리던 무더위도 이제는 한풀 꺾인 듯하다.

2016년 8월 수수재隨樹齋에서

고재석

| 차례 |

2013년

2014년

2011년

낡은 책상에 앉아

낡은 책상에 앉아

학교에서 돌아오면 현관에서 신발을 벗자마자 쪼르르 달려 들어와, 오늘 두 문제 틀려 속상하다고 울상 짓던 아이……. 그 아이는 오늘부터 집에 들어오지 않는다. 퇴근할 시간이구나. 혹시 집으로 오는 버스를 타려 오다가, 아차 하고 돌아섰던 것은 아닐까.

"그래? 그러면 내일부터 몽땅 만점 맞으면 되겠구나!" 통통한 볼을 두 손으로 받쳐 들고 이렇게 말해 주면, 두 눈을 반짝거리며 "아! 정말?" 하고는 내 무릎에 폴짝 올라와 반에서 있었던 이야기를 종알종알 들려주던 큰딸아이의 결혼식은 잘 끝났다. 그러나 아직도 믿어지지 않는다. 그 아이가 중3 올라가던 해 그 애에게 물려주었던 책상에 앉아 본다. 문득 엠마 보바리를 시집보내고 회상에 젖었던 루오 영감의 뒷모습이 떠오른다.

혼례식이 있은 지 이틀 뒤 부부는 떠났다. 샤를르는 환자들 때문에 더 이상 오래 자리를 비울 수가 없었던 것이다. 루오 영감이 자기 마차에 두 사람을 태우고 바송빌까지 따라왔다. 거기서 그는 딸에게 마지막으로 키스를 하고 마차에서 내려 되돌아갔다. 한 백 보쯤 걷다가 그는 발걸음을 멈추었다. 마차가 저만큼 멀어져 가면서 먼지 속에서 바퀴가 돌아가는 모습을 바라보다가 그는 큰 한숨을 내쉬었다. 그리고 자기가 결혼하던 때의 일, 흘러간 지난 시절, 아내의 임신을 머릿속에 떠올렸다. 그 역시 아내를 장인댁에서 자기 집으로 처음 데려오던 날은 어지간히도 즐거웠었다. 크리스마스 무렵이어서 들판이 흰 눈에 뒤덮여 있었으므로 아내를 말잔등에 태우고서 눈 속을 터벅거리며 왔었다. 그녀는 한쪽 팔로 그를 붙잡고 다른 팔에는 바구니를 걸쳐들고 있었다. 코 지방 특유의 머리 두건에 달린 긴 레이스가 바람에 하늘거리면서 때로는 그녀의 입술 위에 닿곤 했고 그가 고개를 돌려보면 바로 가까이 어깨 위에 그녀의 발그레한 작은 얼굴이 보닛 모자의 금박 장식 아래에서 말없이 미소를 짓고 있는 것이 보였다. 시린 손을 녹이기 위해서 그녀는 이따금씩 그의 가슴에 손을 찔러 넣었다. 그 모두가 얼마나 아득한 옛날인가! 그때 낳은 아들이 살아 있었다면 서른 살이 되었을 것이다! 그때 그는 뒤를 돌아보았지만 길 위에는 아무 것도 보이지 않았다. 그는 자신의 마음이 빈집처럼 쓸쓸해지는 것을 느꼈다.

귀스타브 플로베르, 김화영 옮김, 『마담 보바리』(민음사, 2000), p.50.

잘 살아라. 빨간머리 앤처럼 언제나 씩씩했던 우리 큰딸은 지금 신혼집 현관문을 열고 있을 것이다.

2011.07.22.

2012년

광장과 동굴 • 어른이 된다는 것 • 조숙의 의미와 한계 • 텅 빈 비둘기집 • 영원한 아내 • 기술과 미술 • 내걸 수 있는 글 • 변명은 이제 그만 • 출구 없는 지식인의 비애 • 인연의 수맥 • 아름다운 우정의 조건 • 그림 밖의 그림 • 책의 주인과 노예 • 약자의 질투 • 비겁의 진실 • 노시인의 충고 • 재능의 다른 이름

광장과 동굴

벌써 1969년을 보내고 1970년을 맞이하게 되었다. 69년을 무엇하고 지냈나, 하는 어리석은 놈이 되지 말고, 내일을 향하여 노력하는 인간이 되어야겠다. 한 걸음 한 걸음 딛고 나가는 것이다. I never stop. 나는 결코 쉬지 않는다.

눈이 펑펑 쏟아지던 1970년 1월 5일, 동네 문방구에 나가 일기장을 사 갖고 들어온 다음, 이렇게 적었다. 고입 본고사가 얼마 남지 않았다는 사실을 의식했던 것 같다. 아니면 얼마 전에 읽고 가슴이 아팠던 안네 프랑크(Anne Frank, 1929–1945)처럼 일기를 쓰며, 친한 친구와 헤어진 사연을 털어놓고 싶었는지 모른다.

일기는 작가의 영혼을 그대로 보여주는 현장이다. 그러면 우리는 왜 작가의 영혼에 흥미를 느끼는가? 우리가 작가들에게 그렇게 관심이 있어서가 아니다. 그보다는 심리학에 대한 현대인의 지칠 줄 모르는 강박관념 때문이다. 이 강박관념은 바울과 아우구스티누

스가 열어 놓은 기독교적 자기반성이라는 전통, 자기의 발견이란 곧 고난 받는 자기의 발견이라고 여긴 강력하고 끈질기며 위력 있는 전통의 유산이다. (성자의 자리를 대신한) 예술가는 수난자의 본보기다. 그리고 우리는 예술가 중에서도 말(씀)의 작업에 종사하는 작가가 고난을 제일 잘 표현할 것이라고 기대한다.

수전 손택, 이민아 옮김, 『해석에 반대한다』(이후, 2002), p.75.

두 번째 일기장은 이렇게 시작된다.—"허구에 그치지 않는, 전인全人이 되어 가는 노력의 과정의 일부분을, 이 노트에 성심껏 적어 보려고 한다. 72.2.23.수. 재석. 새벽 5시 23분." 그러나 과거는 캄캄한 절벽이었고, 현재는 들끓는 바다였으며, 미래는 두꺼운 유리였다. 시간의 뜨거운 사막을 헤치고 걸어가며, 투명과 불투명 사이에서 일기를 썼다. 일기는 나침반이었다. 루소(J.J. Rousseau, 1712-1778)의 『참회록』을 읽고, 서늘한 감동을 받았던 것은 그로부터 훨씬 지난 다음이었다.

이것이 내가 한 짓이고, 이것이 내가 생각한 것이며, 이것이 내가 산 것이요. 나는 선도 악도 똑같이 솔직하게 말했소. 나쁜 일이라고 해서 조금도 숨기지 않았고 좋은 일이라고 해서 추호도 보탠 일이 없소. 무의미한 어떤 수식을 늘어놓는 일이 있었다면 그것은 나의 기억의 결여缺如에서 생긴 빈틈을 메우기 위하여 불가피한 일이었소. 진실이라고 알았던 것을 진실이라고 여길 수는 있었지만, 허위라고 알았던 것을 진실이라고 여길 수는 결코 없었소. 나는 내가 있는 그대로의 모습을 내보였소. 내가 비열하고 천박하였다 하더라도, 내가 선량하고 관대하고 숭고하였다 하더라도, 당신 자신이 본 바 그대로 나의 내면을 드러내 보였소.

장 자크 루소, 조홍식 옮김, 『참회록』(을유문화사, 1968), p.14.

솔직했던가. 아니다. 정확했던가. 아니다. 상처받은 영혼처럼 어둠 속에 갇혀 살면서, 보고 싶은 대로만 보고, 느끼고, 걸었다. 이제는 동굴에서 나가려고 한다. 햇빛 쏟아지는 광장이 그립다.

실수를 저지른다는 것은 자신은 선을 행한다고 믿는데 죄를 짓는 일이다. 우리는 의지와는 별개로, 우리도 모르게 악을 향해 나아간다. 이때 환상이란 그저 우리의 지식을 혼란스럽게 만들고, 진리를 가려버리는 것만은 아니다. 환상은 우리의 모든 행동을 그르치게 하고 우리의 생을 타락시킨다.

장 스타로뱅스키, 이충훈 옮김, 『장 자크 루소 투명성과 장애물』(아카넷, 2012), p.17.

루소를 전혀 새로운 관점에서 조망하고 해석했다는 평가를 받고 있는 장 스타로뱅스키(Jean Starobinski, 1920–)의 말이다.

2012.06.18

어른이 된다는 것

이보게, 외젠. 죽는다는 것은 그 애들을 더는 못 보는 것이지. 저 세상에 가면, 나는 몹시 쓸쓸할 거야. 아비에게 지옥이란 자식들이 없는 것이지. 그 애들이 결혼했을 때부터 나는 이미 지옥의 경험을 시작했어. 나의 천국은 라 쥐시엔 가였소. 내가 천국에 간다면, 나는 혼령이 되어 그 애들 곁의 이 지상으로 돌아올 수 있겠지. 나는 그런 얘기를 들은 적이 있어. 그 얘기가 사실일까? 지금도 라 쥐시엔 가에 있을 때의 그 애들 모습이 보이는 것만 같소. 아침마다 그 애들은 밑으로 내려와서 아빠 안녕 하고 말했었지. 나는 무릎에 그 애들을 앉혀 놓고, 갖은 재롱과 장난을 치게 했지. 걔들은 귀엽게 나를 어루만졌어. 우리는 매일 아침 함께 밥을 먹었고, 저녁도 같이 먹었지. 요컨대 나는 아비였고, 내 자식들의 즐거움을 누렸어. 라 쥐시엔 가에 있었을 때는, 그 애들은 따질 줄도 몰랐고, 세상일을 아무 것도 몰랐지. 그 애들은 나를 몹시 사랑했어. 아 아! 걔들은 왜 언제나 어린 채로 머물 수 없단 말인가?

오노레 드 발자크, 이동렬 옮김, 『고리오 영감』(을유문화사, 2010), pp.373-374.

큰딸아이가 시집간 지도 어느덧 1년……. 처음에는 빈자리가 허전해서, 그 아이가 자던 방에도 들어가 보지 않았다. 그런데 며칠 전부터 그 방의 가구 배치를 바꾸고 싶다는 생각이 든다. 델핀과 아나스타지를 기다리다 죽어 가는 고리오 영감처럼 뜨거운 부성의 소유자는 아닌가 보다. 사람은 보금자리를 떠나면서, 그리고 내어 주면서, 어른이 된다.

2012.06.27

조숙의 의미와 한계

우성又誠 김종영(1915–1982)을 고3이 되던 1974년 봄, 삼선교 자택에서 처음 뵙고 인사를 드린 적이 있다. 그날, 처마 밑에 파란 슬레이트를 잇대어 만든 조그만 작업실에서 돌을 다듬다가 마스크를 벗으며 어서 오라고 웃던, 그의 얼굴은 대리석처럼 맑고 깨끗했다. 그는 문예반 후배의 아버지였고, 서울대 미대 조소과 교수이자 휘문고등학교 대선배이기도 했다. 후배의 방으로 들어가다가, 차가운 마루 한구석에 놓여 있는 조그만 나무 책장을 보았다. 책등이 해어지고 종이 끝이 말려 올라간 이와나미(岩波) 문고본들이 손 가는 대로 꽂혀 있었다. 독서를 많이 하는 분이라고 생각했다.

오늘 그의 작품을 보니, 생명을 머금고 봄을 기다리는 나목 같다. 무심한 듯 온화한 표정으로 대리석을 다듬던 그의 모습이 스쳐 간다. 그의 작품에는 필요에 의해 물건을 구입하는 사람들이 갖기 어려운 여유와 관조가 담겨 있다. 프랑스의 사회학자 피에르 부르디외(Pierre Bourdieu, 1930–2002)의 말이 생각난다. 그는 하층

계급은 식료품을 구입할 때 육체적인 강인함을 위해 구입하지만, 상층 계급은 육체적 형태를 유지하기 위해 구입한다고 했다. 그렇다. 나의 집과 나의 몸, 나의 취미와 학력은 나의 것이 아니다. 거기에는 연줄, 학연, 집안의 아비투스(habitus)가 촘촘하게 새겨지면서 구조적으로 생산되고, 사회 계급별로 차별화되어 재생산된다. 내가 좋아했던 미술을 포기했던 것은 우연만은 아니다.

큰형은 그림을 잘 그렸다. 초등학교에 입학하기 전 어느 날, 일어나 보니 자는 내 모습을 너무 똑같이 그려 놓아 깜짝 놀랐다. 열 살 위의 큰형에게 받은 영향은 적지 않았다. 이후 재현 능력의 유무만이 내 관심의 대상이 되기 시작했다. 상상력을 통한 재구성이나 추상은 관심 밖이었다. 완벽한 재현이란 있을 수 없고, 그럴 필요도 없다는 것을 알아차리기엔 너무 어렸다.

한편, 크레파스도 살 수 없고 참가비도 낼 수 없어 몇 차례나 미술대회에 못 나가게 되자, 돈이 없으면 미술도 할 수 없나 보다, 하면서 울음을 삼켰다. 박고석(1917–2002)에게 그림을 배우기도 했던 큰형이 휴학을 하고, 아르바이트로 만화 원고의 말풍선에 차트 글씨를 써 넣는 걸 보면서, 이런 절망감은 더욱 깊어졌다. 박고석과 이중섭(1916–1950)은 아버지—고재영(高在英, 1918–1967)—이 평양종로보통학교 동창이었다.

나의 거짓 없는 희망의 봉오리 남덕군, 4월 17일자 편지 기쁘게 받았소. 아름다운 사진 두 장도 틀림없이 받았소. 편지를 받기 세 시간쯤 전에 고재영 씨를 만나…… 당신과 아름다운 아이들이 잘 있다는 소식과 당신의 전갈도 잘 들었소. 보내준 바지·스웨터·잠바·샤쓰 등은 그냥 배에 있다면서 그동안의 항해航海에 지쳐 있으니까 오늘은 쉬고 내일(23일) 3시 30분경에 고재영 씨와 이 대향이 함께 배에 가서 갖고 오기로 약속을 하고 헤어졌다오. (……) 내일(23일) 고형과 함께 배에 가서 스웨터 바지 잠바 샤쓰 등을 찾아오면 모레(24일) 또 마씨馬氏의 건과 함께 자세히 알리지요. 그럼 몸성히 많은 많은 편지 보내 주기 바라오. 仲燮 大鄕 九村

이중섭, 『그릴 수 없는 사랑의 빛깔까지도』(한국문학사, 1980), pp.46-47.

위의 편지는 아버지와 이중섭의 알려지지 않은 우정의 한 장면을 잘 보여준다. 해운공사 소속의 사무선장이었던 아버지가 3천 톤급 배—그것이 관부연락선을 개조한 것임을 짐작하기는 어렵지 않다—를 몰고 현해탄을 건너 이중섭의 아내 야마모토 마사코(山本方子, 1920-/한국명 이남덕)를 찾아가 안부를 전하는 장면이 떠오른다. 그리고 1953년 봄, 피난민들로 들끓던 부산항에서 애타게 아내 소식을 기다리던 이중섭이 배에서 막 내리는 아버지를 보고 반가워 달려가는 모습도 보인다.

아, 내가 좀 더 철이 들 때까지 아버지가 살아 계셨더라면 얼마나 많은 것들을 물어보았을까. 그러나 두 분은 이미 없고, 이중섭의 지인을 자처하는 사람들의 증언만이 오늘도 지면을 장식한다. 물론 아버지의 이름은 그 어느 평전에도 나오지 않는다. 세상은 이렇듯 무심하고 역사는 승자의 몫이다. 그러나 일제 강점기에 굴지의 영화경영인이자 배급업자였고, 1949년 당시 대한석탄협회 초대회장이자 제2차 전국광업자대회 준비위원회 위원이며, 민주국민당 동부위원장이었던 할아버지—고인문(高仁文, 1889-1961)—의 장남이었던 아버지임을 고려한다면, 위의 편지에 담긴 일들이 어떻게 가능할 수 있었는지 짐작하기란 어렵지 않다.

(……) 동화상사 영화부 조선지사는 고인문 씨가 다년간 경영해 오던 바 금반에 고인문 씨는 또다시 황금좌를 인계경영하게 되어 영화경영자로서 배급업을 경영하게 되기로는 조선에 있어 고씨가 효시이다. 그래 앞으로의 동화상사의 영화는 대개 황금좌에서 상영하게 될 터이며 다른 흥행장에 배급될 것이 없으리라는 바 만일 재상영이라도 요구하는 흥행장이 있으면 황금좌에서 상영한 후는 얼마든지 배급에 응하겠다 한다. 그런데 동화상사에서는 주로 동화상사영화와 워너사 영화를 취급하여 오던 바 금반에 고씨가 황금좌를 경영하게 되면서 일활사日活社와도 관계를 맺어 국산품으로는 일활사 작품과 동시에 황금좌에서 봉절할 터이라는데 현하 동화상사에 재고 중인 외국작품으로서는 동화상사 영화 9종과 워너사 영화 4종 도합 13종이 있는데 이 13종으로서 4월까지는 지장 없이 황금좌에

서 봉절하게 되리라 한다. 현하 동화상사의 재고품은 아래와 같다 한다. (……) 그런데 고인문 씨는 영화배급업자의 처지로가 아니라 흥행업자의 처지로서 파라마운트사의 작품과 그 외 구미 각 영화회사의 작품을 우수한 것이면 선택 상영할 터이라 한다.

「배급회사」, 『동아일보』(1938.1.13)

이런 사실을 염두에 두고 살펴볼 때 비로소 스리쿼터를 타고 피난 내려왔다는 전설(?) 같은 이야기는 물론 아버지가 젊은 나이에도 불구하고 국방부 정훈국에 들어가 『전우신문』을 편집할 수 있었던 연유를 짐작하게 된다. 아버지가 해운공사 소속의 사무선장으로 현해탄을 넘나들던 1953년 당시 할아버지는 54세였고, 아버지는 불과 35세였다. 그러나 이처럼 득의로웠던 아버지는 그로부터 불과 14년 후인 1967년, 내가 초등학교 5학년이던 그해 봄, 정릉 배밭골에서 쓸쓸하게 돌아가실 줄은 미처 몰랐으리라.

아버지가 오래 사셨고 집안도 넉넉했더라면, 나는 그림을 그렸을지도 모른다. 그러나 초등학교에 입학할 무렵부터 낙관과 오락의 세계는 잔인하게 파괴되고 있었다. 룸펜으로 전락한 자신의 무능을 탄핵하며 폭음과 거식으로 자학하던 아버지가 당신의 다짐대로 쉰 살에 돌아가시는 걸 보면서 정서가 불안정해진 소년에게는 늘 자기 것이라는 '증거'가 필요했다. 어떤 것이든 의미를 부여하면서 안심했고, 그렇지 않으면 마음의 문을 걸어 잠갔다. '전

인술人이 되어 가는 노력의 과정의 일부분'을 적겠다고 다짐했던 일기장은 그 대표적인 '증거'인지 모른다. 이른바 자아실현을 위한…….

중학교 진학 후 특별활동의 일환이었던 미술반에 들어갔다. 하지만 큰형을 흉내 내며 만화 그리는 데 재미를 붙였던 그림은 주목을 받을 수 없었다. 제5회 전국아동 미술실기대회(1967.10.14)에서 메달을 받았다는 자부심은 무너지고 말았다. 그림을 사랑하다가 가련하게 죽는『플랜더스의 개』의 주인공 네로가 남 같지 않았다. 미술은 점점 부잣집 외동딸처럼 선망과 질투의 대상이 되기 시작했다. 등록금 미납자라고 조회 시간마다 담임선생에게 욕을 먹고, 심지어 교문 밖으로 쫓겨나기도 했던 소년에게 초연함, 무관심함, 공평무사함, 재현의 자율성이란 부르주아의 전유물과도 같았다. '중성화의 거리 두기'란 사치였다.

마음 한구석에 미학적 성향—실제적인 기능을 하지 않는 실천을 계속하려는 성향과 소질—이란 돈을 많이 벌고 은퇴한 다음에나 할 수 있는 것이라는 단념의 웅덩이가 깊게 파였다. 어린 나이였지만, 미술과 생활 사이에서 생활을 선택하기로 결심했던 것이리라. 그래서였을까. 무슨 일인가로 나를 혼내던 큰형이 '조숙한 놈'이라고 욕을 했다. 중2 때였다. 억울한 마음에 속으로 이렇게 중얼거렸다.—"그래, 난 조숙해. 하지만 내 조숙에 대해 책임질 거야."

그날의 다짐은 이루어졌을까. 아니, 성숙해지고 싶다는 것은 희망사항이었을 뿐이다. 홀로 된 어머니는 되바라진 큰형과 누나에게 생활의 주도권을 빼앗기고 물러앉았고, 결핍된 환경에서 성장해야 했던 형제들은 말다툼이라도 벌어지면, 날카로운 적대감의 이빨을 드러내며 으르렁거렸다. 연륜 있는 집안의 아이들이 갖고 있는 너그러움과 편안함이란 영화 속의 한 장면처럼 멀리 있었다. 그러나 문화자본이 있는 집안에서 태어난 아이들은 우리들과 달랐다.

> 역설적이지만 조숙함La précocité은 연륜l'ancienneté의 효과이다. 귀족성이란 특히 연륜의 한 형태인데 이것은(적어도 가풍의 오래됨과 귀족성—실제로 이 두 개념은 동의어로 볼 수 있다—이 가치로서 인정되는 사회에서) 오래된 가문의 후손이 태어나면서부터 소유하게 되는 권리의 일종이기 때문이다. 그리고 이처럼 타고 태어나는 신분에서 얻게 되는 최초의 자본은 식사예절, 대화술, 음악 소양, 예의범절의 습득, 테니스 치는 법, 또는 억양교정 등 문화적 기술을 배우는 과정에서 정통적인 문화를 조기에 습득함으로써 얻게 되는 이득을 통해 한층 더 쉽게 배가된다. 이전 세대들에 육화되어 있는 문화자본은 일종의(처음부터 갖추고 있는 이점인 동시에 일종의 신용으로 기능하는) 선불=유리함avance으로 기능하며, 또 처음부터 익숙한 가족이라는 모델 안에 구현되어 있는 문화의 전범을 제공해준다. 그 덕택에 이 집 안에

태어난 신참들은 처음부터 극히 무의식적이고 쉽게 파악하기 힘든 형태로 정통적인 문화의 기본 요소들을 몸에 익히기 시작한다. 정통적인 행동방식이 가치를 가질 수 있는 것은 희귀한 획득조건, 즉 암묵적으로 최고의 탁월함으로 공인되고 있는 시간에 대한 사회적 권력을 나타내기 때문이다.

과거의 물건들 즉 축적되고 결정화結晶化된 역사, 귀족의 칭호와 작위, 성城 또는 '국보로 지정될 만한 가옥', 그림들, 수집품들, 수백 년 된 포도주, 고가구를 소유한다는 것은 곧 오직 시간의 흐름 속에서만, 시간을 통해, 시간을 거슬러, 즉 상속에 의해서만 획득할 수 있는 점에서 공통점을 갖고 있는 이 모든 물건을 통해, 그리고 오래된 물건을 선호하는 취향과 마찬가지로 시간과 함께 획득할 수 있으며 여유를 갖고 천천히 시간을 사용할 수 있는 사람들만이 습득할 수 있는 성향들을 통해 시간을 지배하는 것을 의미한다.

피에르 부르디외, 최종철 옮김, 『구별짓기 상』(새물결, 2006), pp.139-143.

집 안팎을 둘러보면 반닫이, 함, 놋그릇, 돌다듬이, 돌확 등 생활에 필요한 골동품들로 가득하다. 물론 그 자체로 아름답지 않은 건 아니다. 그러나 용도와 가격부터 따져 가며 구입하다 보니 군계群鷄만 있고 일학一鶴은 없다. 아, 현대사회에서 전개되는 지배와 피지배의 불평등 관계는 개인의 무의식적인 취미 생활을 매개로 성립된다고 한 말은 틀리지 않았다. 자유취향보다 필요취향을 중시한 결과 앞에서 가끔 우울하다. 물론 이런 시행착오를 하고 나서야 안목도 생기는 법이니 너무 실망하지 말라고 위로하는 사람들도 있다. 하지만 아까운 시간과 돈을 버린 다음에 얻은 소득이라고 하기에는 너무 초라한 깨달음이다. 자업이요, 자득이었다. 돈오頓悟를 위한 점수漸修의 시행착오였다고 변명할 마음은 없다. 남의 소유가 된 땅문서처럼 허망하고, 입증하기는 더욱 어려운, 떵떵거리며 잘 살았다는 지난날을 유일한 자존심의 보루로 삼고, 질투심을 유발하는 잘난 사람들과 싸워야 했던 심리적 고아, 아니 근거 없는 오만과 초조한 열정의 소유자가 자초한 결과인 것이다.

선대로부터 전해진 고독이 어느 정도 치유되어 가고 있는 오늘, 연륜이라는 시간에 대한 사회적 권력을 물려주고 싶어 저렇게 골동품을 마구잡이로 사들였던가 하고 쓴웃음을 짓기도 한다. 저장 강박증에 가까운 수집벽의 이면에는 우리 집안의 역사가 그렇게 천박한 것만은 아니라는 항의 또는 신원 증명을 하고 싶은 열망이 숨어 있음을 부인하기 어렵다. 아이들에게 물질적으로도 정신적으로도 가난을 물려주고 싶지 않았으리라.

자수성가한 사람의 한계를 극복하지 못한 것은 이런 사정에서 비롯된다. 요즘 허접한 골동품을 내게 악착스럽게 팔아먹었던 가게 주인들을 멀리하고 있는 것은 그들의 야비한 인간성을 보면서 느낀 환멸 이전에 나 자신의 천박한 안목에 대한 탄식과 후회

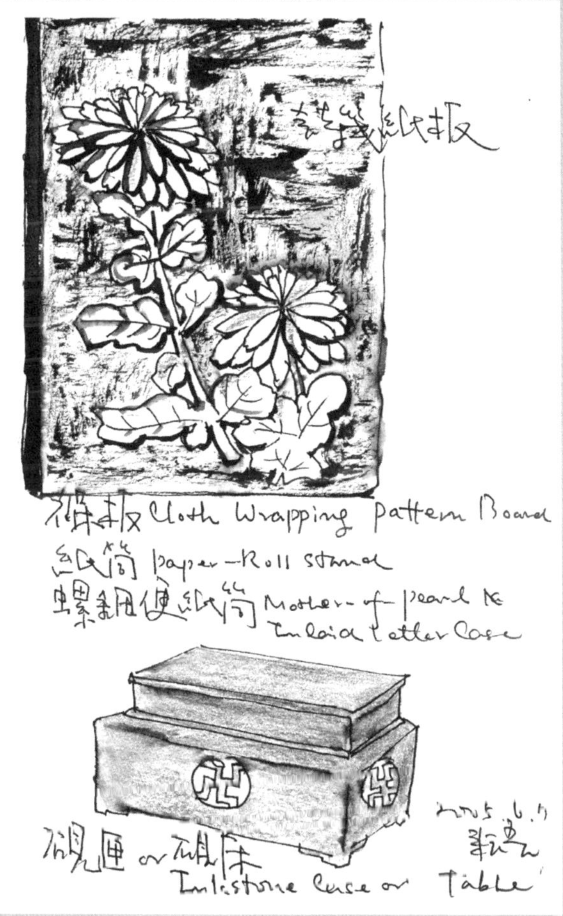

袱板 Cloth Wrapping Pattern Board
紙筒 Paper-Roll Stand
螺鈿便紙筒 Mother-of-pearl
Inlaid Letter Case
硯匣 or 硯床
Inkstone Case or Table

때문이다. 그래서였을까. 하와이에서 결혼 1주년 기념 여행을 하고 있다는 희원이 내외의 전화를 받았을 때 섭섭하지 않았다. 제주도로 신혼여행을 갈 수 있다는 사실만으로도 감격했던 베이비 부머인 우리들과 달리 해외여행을 즐기고 있는 그들이 오히려 대견했다. 오늘따라 거실을 지키고 있는 괴목 반닫이의 자물쇠가 무거워 보인다. 이제는 필요의 강박에서 벗어나 너그럽게 살고 싶다.

2012.07.11.

텅 빈 비둘기집

요즘 지독한 유행처럼 천하를 휩쓰는 영화 제작 바람에 한몫 보려고 멀리 진라도에서 올라와 사업을 개시했다는 사람이다.

이봉구, 『여수』(민중서관, 1959), p.10.

아버지와 동시대를 명동에서 살았던 사람들의 낭만과 애환을 그리고 있는 이봉구(1916–1983)의 『여수』를 읽기 힘들다. 조선인으로는 처음으로 일본인 전용 극장 황금좌를 인수하여 봉절관(개봉관)으로 재개관했고, 1939년부터 유나이티드 아티스트 영화사 조선 대리점 지사장으로 활약했던 할아버지의 장남이었던 아버지……. 그런데 당신은 이 열풍과도 같았던 60년대의 영화 제작 붐을 어떻게 참고 넘겼을까 생각하다가 그만 가슴이 먹먹해졌던 것이다.

영화 제작 바람은 후미진 정릉 배밭골에도 거세게 불어왔다. 어렸을 때 보았던 몇 가지 장면이 필름처럼 지나간다. 갑옷을 입은 어떤 장군이 말 타고 달리는 장면을 솔밭에서 촬영하던 제작진

이 아버지를 보고 우르르 달려와 고개를 숙인다. 헌팅캡에 선글라스를 쓴 어떤 감독이 집 아래 있는 언덕에 레일을 깔고 이동하면서, 멀리서 달려오다 넘어지는 고은아(1946–)를 찍는다. 컷! 하고는 담배를 꺼내 물던 그가 아버지를 보고 깜짝 놀라 모자를 벗고 안부를 묻는다. 파출소에서 나와 비를 맞으며 걸어가는 장면을 찍고 난 신영균(1928–)이 아버지를 보고 달려와 인사를 한다.

아, 그때 나는 어린 마음에도 얼마나 자랑스럽고 슬펐던가. 아버지는 '안'에 있지 않고 '밖'에서 나와 함께 저들을 구경하고 있었기 때문이다. 그러나 그날 이후, 액션스타 황해(1920–2005)가 특유의 양미간을 찡그린 표정을 짓고 아버지와 함께 찍은 어느 결혼식 사진을 보고도, 이 사람이 어떻게 여기 있느냐고 묻지 않았다. 아버지가 과거 영화인의 아들이라는 사실을 이제는 의심하지 않았던 것이다.

내가 대학을 졸업한 지 얼마 안 되던 시절이었다. 당시 서울의 거리는 일본의 만주 침략의 여파를 받아 신식주관新式酒館이 날로 늘고, 유흥가의 경기가 한창 흥성흥성하는 판이었다. 나도 또한 젊은 나이였는지라 가끔 친구들과 그런 신식주관에 발을 들여놓곤 하였다. 그때의 기분은 술을 마시고 논다는 기분이 절반, 신식 생활양식을 받아들인다는 기분이 절반, 그러한 기분이었다.

유진오, 『구름 위의 만상漫想』(일조각, 1966), p.275.

대구에서 태어나 한 달 만에 서울로 올라왔다는 내가 식모 순이 누나 등에 업혀 명동국립극장(명동예술극장) 일대를 하루 종일 돌아다녔던 것은 1958-1959년 무렵이었던 것 같다. 아버지는 그때 아직 전쟁의 상흔 속에서도 이런 분위기가 남아 있던 명동의 허바허바사장 옆에 레스토랑을 열었다. 그리고 위에서 본 영화인들을 비롯한 다양한 계층의 지인들과 호연지기를 나누고 있었다. 아니, 앞으로 남고 뒤로 밑지는 순수한 열정과 무모한 낭만의 시대를 누리고 있었다. 아버지의 마지막 황금기였다.

어머니 말에 의하면, 그때 순이 누나는 좋아하던 구두닦이 청년을 보러 가느라 나를 재운다는 핑계로 매일같이 업고 나갔고, 어린 것은 삶은 밤만 씹어 주면 새근새근 잘도 잤다고 한다. 그래서일까. 가끔 KBS 〈가요무대〉를 보다가 「에레나가 된 순이」(1957)를 들으면, 기억에도 남았을 리 없는 명동 시절로 돌아가는 나를 발견하게 된다. 특히 "그날 밤 극장 앞에서 그 역전 캬바레에서 보았다는 그 소문이 들리는 순이……"라는 대목을 들을 때는 가슴 한구석이 뻐근해지기까지 한다. 순이 누나가 구두닦이 청년에게 순정을 빼앗기고, 서리의 여인이 되었을지도 모른다는 상상 때문이리라. 어느 날 아무 말 없이 집을 나갔다는 순이 누나가 영화배우 문희(1947-)를 빼어 닮았다는 이야기를 듣지 않았더라면, 그런 슬픈 연상을 하지 않았을지 모른다. 문희는 남정임(1945-1992), 윤정희(1944-)와 함께 60년대의 영화계를 이끈 트로이카였고, 특히 비련의 주인공 역할을 많이 맡았다. 세 살 연상이던 첫사랑에게 문희의 크고 깊은 눈망울과 선한 미소를 읽어 내고 가슴 아파했던 것 역시 명동의 전후적 분위기와 60년대 멜로 영화의 비극적 정서가 버무려진 상상력의 여파가 아니었나 싶다.

아버지 세대들의 엑조티시즘과 시민적 교양은 이런 시대적 분위기와 메이지초(明治町)와 혼마치(本町)를 아우른 명동이라는 공간 속에서 배양되었다. 그러나 식민지의 적자赤子들이었음에도 불구하고 그분들이 가졌던 고급스러운 취미와 높은 안목을 우리들의 오늘과 비교하면 경이롭기도 하고 창피하기도 하다. 일제강점기의 문화적 상황과 지식인의 교양 문제에 관심을 갖게 된 이유의 하나다. 요즘 음악을 즐겨 듣는 것도 이와 무관하지 않음은 물론이다.

> 죽은 남편도 다미아를 비롯해서 그레꼬의 샹송 노래를 좋아했다. 어느 때는 르네 크렐 영화인 〈파리의 지붕 밑〉에 나오는 노래를 불렀고 파리제巴里祭 노래도 흥겨워 불렀다.
>
> p.22.

만일 이 작품을 읽지 못했더라면, 애끓는 목소리로 심금을 울린 배호(1942–1971)의 「남의 속도 모르고」가 다미아(Damia, 1899–1978)가 부른 「Tu ne sais pas aimer」의 번안곡인 줄 몰랐으리라.

뿐인가. 다미아가 특유의 가라앉은 목소리로 레죄 세레스(Rezso Seress, 1889–1968)의 「Sombre dimanche」를 다시 부른 노래가 명동의 젊은이들 가슴을 가을비로 흠뻑 적셔 주었던 「Gloomy Sunday」라는 것도……. 그러나 이 작품에서 다음 대목으로 이동하는 순간, '야끼도리'라는 단어 때문에 다시 한 번 회상의 긴 터널을 통과하지 않으면 안 되었다.

> 영월은 밤낮 이대로 속가슴을 태울 수는 없다는 용기가 솟아났다. 영월이 효자동 종점에서 택시를 타고 을지로 입구에서 내려 새로 생긴 참새집(야끼도리)에 들어서는 같은 시각에 김영식도 뒤나 따라온 듯 이 포장을 헤치며 들어섰다.
>
> p.31.

오랜만에 시내에 나갔다가 거나하게 취해서 들어오는 날이면, 아버지는 곤하게 잠들었던 우리들을 억지로 깨워 일으켰다. 그리고 '센베이'나 '도나쓰'—전병을 가리키는 일본어와 도나쓰 같은 일본식 발음에 익숙했던 우리 세대들을 용서하라!—를 담은 봉투를 내려놓고 큰아이 작은아이 할 것 없이 똑같이 나눠주었다. 가끔 눈이 쓰라려 안 일어나겠다고 쟁쟁거리면, 아버지는 번쩍 안아 들고는 요놈은 우는 게 더 예쁘다며, 꺼끌꺼끌한 수염을 입술에 비벼 대곤 했다. 수염이 솔잎처럼 따끔거려 고개를 돌리며 앵앵거렸지만, 버버리 안에서 풍겨 나오는 '야끼도리'의 달콤하고 코끝이 시원한 양념 냄새가 너무 좋아, 잠은 이미 멀리 달아나 버리고 말았다. 그러나 그날 울고 싶었던 사람은 내가 아니었는지 모른다.

집에서 아내 대신 살림을 도맡아 하게 되어 오랜만에 나간 당신을 보러 참새집에 모인 친구들이 "재영이 너 어케 지내네? 야, 우리 아직 죽을 나이는 아니야. 힘내자우!" 하면서 술을 따른다. 한잔 더, 아니 딱 한잔만 하다가 얼큰해진 아버지는 통행금지를 피해 을지로에서 전차를 타고 돈암동에서 내린다. 다시 버스를 갈아타고 정릉 종점에서 내린 아버지는 백열등 전구가 희미한 도넛 가게 앞에서 휘청거리는 걸음을 멈춘다. "아주마니, 그거 두 봉지만 담아보소레." 그리고 누런 봉투를 안고 산꼭대기의 집을 향해 터덜터덜 걸어오던 아버지는 쌀 팔아 올 돈도 없으면서 괜히 도나쓰랑 센베이를 산 거 아닌가 하면서 후회한다. 그런 당신을 비웃듯, 어둠 속에서 불어온 바람이 낡은 카키색 버버리 코트 자락을 뒤로 크게 부풀어 올리며 뒷덜미를 잡아챈다. 정신이 번쩍 든 아버지는 발걸음을 재촉하고 방에 들어오자마자 기다리다 잠든 우리들을 깨운다. 오호라. 그런 줄도 모르고 나는 아버지를 밀쳐 냈던 것이다.

아버지는 버버리 코트를 즐겨 입었다. 〈카사블랑카〉에서 험프리 보가트(H.D. Bogart, 1899–1957)가 입고 나왔던 트렌치코트보다는 소박하면서 넉넉한 느낌의 발마칸 코트를 좋아하셨다. 이제 코트는 자가용 문화가 정착되면서 추억의 패션이 된 느낌마저 없지 않지만, 버버리를 즐겨 입었던 아버지와 친구분들의 엑조티시즘은 고급스러웠고, 우정은 푸근했으며, 낭만은 도도했다. 비록 대부분 현실에 무능한 잉여인간으로 변모하고 있었기는 하지만 말이다.

> 친구는 영월의 등을 조용히 두드려준 후
>
> "정릉은 여름도 좋지만 겨울에 눈이 쌓이고 그 속에 파묻혀 있을 때가 참 좋다. 거창한 고독이 있어 눈처럼 쌓여 있는 것 같아서."
>
> 친구는 전형적인 호텔 마담 타이프인 데다 관광觀光 안내인이 되어 가고 있는 듯한데 영월은 아무 말도 나올 수 없었다.
>
> "봐야 알지."
>
> 영월은 떫은 웃음을 웃고 나서 현관을 나섰다.
>
> pp.37-38.

아버지가 명동에서 하던 레스토랑을 접고 정릉에서도 한참 안으로 들어간 배밭골, 지금의 정릉 3동 북악터널 아래의 산1번지로 이사했던 것은 당신이 얼마나 대책 없는 열정과 낭만의 소유자였는지를 잘 보여주는 단적인 사례다. 그 동네에서 제일 높은 곳에 있었고, 40여 그루에 이르는 아름드리 소나무로 빙 둘러싸였으며, 흰 비둘기도 길러 비둘기집이라고 불렸던 우리 집은 경제적 여유가 있을 때만 아름다운 곳이었다. 됫박으로 쌀을 사다 먹고, 물지게로 우물물을 길어 나르고, 새끼줄에 두세 장씩 끼운 구공탄을 사다가 불을 때고 살아가기에는 너무 척박한 집이었다.

동네 사람들도 순수하지 않았다. 삼림원 임업연구소 입구의 이층집에 살던 김지미(1940-)를 보면 손가락질을 해대며 수군거렸다. 가끔 엄앵란(1936-)이 신성일(1937-)과 함께 친정어머니를 찾아 자가용을 타고 오는 날이면, 우르르 몰려 나가 먼발치에서 지켜보며 귓속말을 주고받았다. 그들은 밭에 뿌린 씨앗을 다 파먹는다고 물에 불린 콩에 싸이나—청산가리—를 주사기로 넣어 우리 집 비둘기를 몰살시켰다. 소나무 위에 페인트로 알록달록하게 칠한 비둘기 집을 매달아 준 아버지의 낭만을 이해할 만큼 한가한 사람들이 아니었다. 그들은 1961년 여름 폭우가 쏟아지던 날 우리가 이사 왔을 때도 처마 밑에 모여 우리를 쳐다보며 수군거렸을 뿐, 우리에게 어디서 오느냐고 물어본 적도 없고, 짐 하나 들어 준 일도 없다. 가난해서 마음마저 메마른 논바닥처럼 갈라졌던 그들의 눈빛은 어두웠다.

귀소본능 때문에 지붕 위로 돌아와 앉았다가 한 마리 두 마리 툭, 투둑 마당으로 굴러 떨어지던 비둘기를 쳐다보며 경악하던 아버지의 표정은 지금도 잊히지 않는다. 이후 산1번지는 정릉 3동 1통 10반 890번지로 바뀌었다. 그리고 몇 마리 남지 않은 비둘

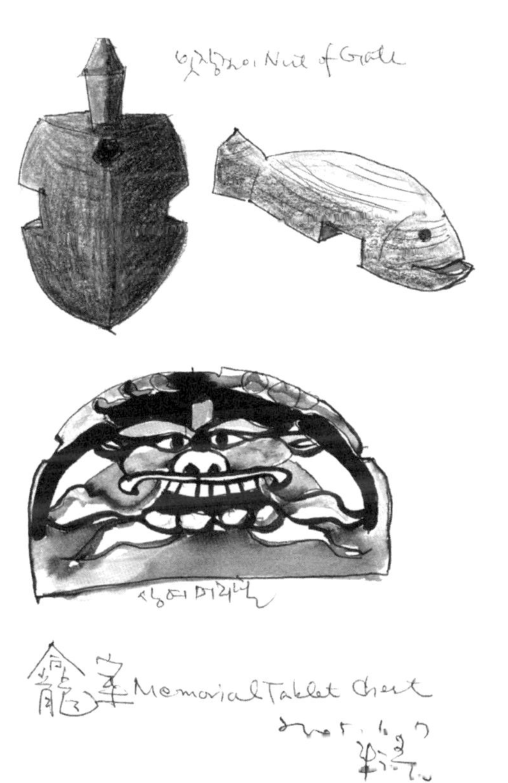

Nut of Grate
Memorial Tablet Chest

기들은 우리 집을 떠나 당시 그 동네에서 제일 잘나가던 어느 건축업자네 집으로 날아가고 말았다. 그 집에서도 비둘기를 많이 기르고 있었던 것이다.

아버지는 그 집의 잿빛 비둘기 무리에 섞여 날아다니는 우리 집 흰 비둘기를 보며 사랑하던 여자에게 배신당한 사내처럼 못내 섭섭해했다. 지금까지 현실과 예술 사이에서 흔들리며 살았던 이유 가운데 하나가 이 날의 충격에 있다고 해도 과언은 아니다. 피어 보지도 못하고 떨어진 목련처럼 여기저기 나뒹굴고 있는 흰 비둘기의 붉은 발부리와 텅 빈 비둘기 집을 번갈아 보면서, 어린 나는 그때부터 하부구조의 뒷받침이 없는 낭만이란 너무도 무력하고 비참한 것임을 처절하게 느꼈는지 모른다. 2012.07.16.

영원한 아내

'그 여인은 말하자면' 하고 그는 생각했다. "남편을 배반하는 아내가 되기 위해서 태어난 여자 중의 한 사람이다. 저러한 여자는 처녀시절에 정조를 깨뜨리지는 않는 법이다. 그것을 하기 위해서는 반드시 시집을 간다. —이것이 그들의 자연의 법칙이다. 그런데 남편은— 최초의 애인이 되는데, 그것도 결혼식 이후로 정해져 있는 것이다. 그들만큼 교묘하고 힘들이지 않고 시집을 잘 가는 여자들도 없다. 그래서 최초의 '부정不貞'이 시작되는데, 그 잘못은 언제나 남편에게 돌려버린다. 이렇게 잇달아 부정행위를 하는데 그것도 그냥이 아니고, 지극한 성심성의를 다하여서 한다. 그러고도 끝까지 자기가 절대로 옳으며, 따라서 자기에게는 절대로 죄가 없다고 생각하는 것은 두말 할 나위도 없다."

도스토예프스키, 힘일근 옮김, 「영원한 남편」, 『도스토예프스키전집 2』(정음사, 1972), p.377.

어쩐 일인가. 위에서 그 여인을 '나'라는 인간으로 바꾸어 놓고 읽어도 전혀 부자연스럽지 않다. 나는 남자 나딸리야 바실리예브

나 뜨루소스까야였고, 아내는 여자 빠벨 빠블로비치 뜨루소스끼였단 말인가. 아내는 몰랐을까. 남편의 방종과 일탈을……. 아니다. 아이들 엄마였기에 돌아온 탕자처럼 구박받고 살아갈 날을 준비하는 남편을 측은지심으로 바라보고 있었을 뿐이다. 그런데 지고 이기는 걸 마음대로 할 수 있는 '영원한 아내'가 늙어 가고 있는 것이다.

2012.07.20

기술과 미술

나갈까 말까 망설이자 아내가 어서 나가라며 등을 떠민다. 하긴 무더운 여름날, 곰 같은 남편이 집에 웅크리고 앉아 있는 걸 지켜보는 것도 숨 막히는 노릇이리라. 그래, 어차피 샤워도 한 김에 나가자. 버스 안은 시원하다. 그러나 오늘도 승객들의 핸드폰 사용 매너는 여전히 무례하다. 할 수 없다. 책이나 읽으며 신경을 끄기로 하자.

"도가와상, 꿈 같어요."

"좋지오?"

"좋은지 어떤지— 얼떨해요."

"이 소설을 지은 윗츠 민든이라는 사람은 이 소설 단 한편으로 영국문단에 이름을 높였나우. 나도 이 소설을 읽은 뒤에 한 달이나 꿈같이 얼떨하니 지났어요."

"그게 웬일일끼?"

"그게 예술의 힘이에요. 예술의 힘이 사람의 혼을 울려놓은 때문이어요."

"예술?"

듣던 바 처음이었다.

"네. 예술……. 예술 가운데는 음악, 미술, 문학 등이 있는데, 문학에는 또 시며 희곡이며 소설이 있어요. 다른 학문들은 모도 실제—실용상 쓸 데 있는 것이지만 예술이란 것은 사람의 혼과 직접 교섭이 있는 존귀한 학문이어요."

김동인, 「김연실전」, 『문장』 2(1939.3), pp.30-31.

여기서 말하는 문학의 정의는 쓰보우치 쇼요(坪內逍遙, 1859-1935)의 『소설신수小說神髓』(1885)에서 빌려 온 것으로 보인다. 쓰보우치는 말한다. 문명의 소산으로 실용을 지향하는 기술技術과 실용을 목적으로 하지 않는 미술美術 즉 넓은 의미의 예술이 있다. 소설은 '미술'에 속하므로 일체의 공리적 견지에서 해방되어야 한다고.

김연실이 말한 '얼떨함'이란 김동인(1890-1951)이 일본의 근대문학을 접하면서 느꼈던 심정 그 자체인지 모른다. 그러나 나는 이런 얼떨함, 감동과 감격의 황홀경을 증오했다. '미술'을 실용과 담을 쌓고 사는 무능한 자들의 전유물이라고 비난했다. 갖고 싶은 것을 가져 보지 못한 소년의 저주였다. 영혼과의 교섭이나 감동, 내면의 정화가 먹고사는 데 무슨 도움이 되느냐며 비웃었다. '기술'보다 '미술'을 사랑하다가 가장으로서의 권위마저 상실해야 했던 아버지가 남겨 준 학습 효과였다.

"인생은 나그네 길 어디서 왔다가 어디로 가는가. 구름이 흘러가듯 떠돌다 가는 길에 정일랑 두지 말자. 미련일랑 두지 말자……." 광석라디오에서 흘러나오는 최희준(1936–)의 「하숙생」을 들으며 등교하던 1960년대는 절대빈곤과 니힐리즘의 시대였다. 많은 사람들이 가난과 상실감에 지쳐 자살했다. 정릉 북한산 골짜기에 놀러 갔다가 몇 번이나 시체를 봐야 했다. 그래서 이런 시대를 살기에는 너무 버거웠던 아버지는 차라리 죽음으로써 실추된 가장의 체면을 되찾고자 했던 것일까.

아버지가 자학의 단식과 폭음에 빠져 죽기로 각오하고 지냈던 나날은 우리 모두에게 지옥의 세월이었다. 어머니는 훗날 이런 모습을 두고 정을 떼고 돌아가시려고 그랬다고 했다. 하긴 누군들 아내와 자식을 놓고 죽고 싶겠는가. 누구보다 아내와 자식들을 사랑했기에 초라한 자신을 용서할 수 없었던 아버지였다. 그래서 어느 날부터인가 어린 나를 앉혀 놓고 술을 마시면서 몇 번이고 슬픈 약속을 했으리라. "미안하다, 재석아. 아버지는 쉰 살이 되면 꼭 죽을 거다."

자신을 버리려고 했지만 그것이 어디 쉬운 일인가. 인간의 목숨처럼 모진 것은 없다. 두려웠으리라. 그러나 아버지는 결국 당신이 원했던 나이에 돌아가셨다. 자기 암시의 부정적이고 파괴적인 실현이었다. 그리고 그 약속이 극적으로 실현된 임종의 자리에서 나는 예술과 낭만을 사랑한 대가로 이렇게 초라하게 죽어야만 하는 것이라면, 아버지처럼 살지 않겠다고 이를 악물었다. 결코 짧지 않은 시간 동안 의식화된 아이의 당돌한 결심, 아니 자기 방어였다.

우선 자부심이 생겼다. 조선 여성계의 선각자라 하는 자부심이었다. 선각자가 될 목표도 섰다. 여류 문학가가 되어 우매한 조선 여성을 깨쳐주리라 하였다. 문학의 정의도 인전 짐작이 갔노라 하였다. 문학이란 연애랑 불가분의 것이었다. 연애를 자미나고 자릿자릿하게 적은 것이 소설이고 연애를 찬송하여 짧게 쓴 글이 시라 하였다.

p.33.

시집을 가슴에 안고 집에 놀러오는 누나 친구가 있었다. 얼굴이 창백하고 예쁘게 생겼던 그 누나를 보면 기분이 좋고 그냥 부끄러웠다. 그러나 연애하려고 시를 쓰나 보다 하면서 속으로 그녀를 비웃었다. 집을 일으켜야 할 인간들이 저게 무슨 정신 나간 짓들이냐며 어른 같은 탄식을 터뜨리기도 했다. 큰형을 좋아하던 그녀에 대한 반감이었는지 모른다. 사랑과 미움이 배 다른 형제임을 몰랐던 소년의 예술 혐오는 이 무렵부터 멍울처럼 커지기 시작했다. 결국 중2가 되면서 마련한 일기장에 '내 선線은 죽었다'고 적으면서 미술을 포기(?)했고, 고3 때는 문학을 제대로 공부하라고 격려하던 황명(1931-1998) 선생께 죽어도 국문과에는 들어가지 않겠다며 고개를 숙였다. 그러나 이런 다짐이 무색하게 나는 국문과에 들어갔고, 이른 나이에 교단에 나갔다.

예술에 대한 혐오란 눈 가리고 아웅 하는 식의 자기기만이었고, 부처님 손바닥 안의 손오공이 벌인 지승자박이었다. 뿐인가. 미술 대신 일기, 즉 문학의 품으로 도피한 셈인데도 그걸 모르고 살았으니 어리석다. 업은 아기 3년 찾는다는 속담이 무색하게 업은 아기 40년 찾아다닌 셈이다. 가난으로 받은 상처 때문에 모든 것을 '실용'의 관점에서 보려고 했지만, 아름다움 앞에서는 한 발자국도 움직일 수 없었던 양가 심리의 소유자, 현상만 보고 본질은 모르는 시각형 지식인이 바로 나였다.

> 예술가는 아름다운 것을 창조하는 사람이다. 예술은 드러내고 예술가는 감추는 것이 예술의 목적이다. (……) 예술가에게 사고와 언어는 예술의 도구다. 예술가에게 악과 선은 예술의 질료다.
>
> 오스카 와일드, 윤희기 옮김, 『도리언 그레이의 초상』(열린책들, 2010), pp.7-8.

아, 솔직하게 내면의 소리에 귀를 기울이고 살았어야 했다. 그럼에도 아직 내면의 양가성을 극복하지 못하고 있으니, 트라우마의 뿌리는 예상보다 너무 깊고 질기다. 구상보다 추상을 어려워했던 이유도 여기에 있다. 사실과 실용에 대한 강박관념에서 자유롭지 못했던 나는 천태산인天台山人 김태준(1905-1950)의 다음과 같은 지적을 좀 더 빨리 읽었어야 했다.

> 사혁謝赫의 화육법畵六法 중에 기운생동氣運生動이란 말과 응물상형應物象形이란 말이 있다. 이조의 화가는 오로지 기운생동이란 곳에 붙들려서 응물상형하는 귀중한 대문을 잊어버리고 일도 기운이오 이도 기운하여 그 정신이 너무나 관념화하고 추상화하여 회화에 있어서의 창작적 정신과 개성의 중대성을 전연 몰각하고 그리고 오직 관념적인 기운에만 충실하였기 때문에 이조회화의 말로는 조그만 발전도 향상도 없이 쇠퇴衰頹에서 쇠퇴로 전락하여 온 것이다. (……) 기운은 마땅히 찾을 것이다. 그러나 관념화한 기운은 기운을 위한 기운에 그치고 조금도 신국면을 타개해 줄 여운 없는 기운일 것이다. 기운을 찾자면 먼저 응물상형하여 상想을 넓히고 진眞에 핍逼하여 개성의 힘으로 뚫어나가는 곳에 비로소 참된 기운이 생동할 것이다.
>
> 김태준, 「이조시대의 인물화」, 『문장』 창간호(1939.2), p.159.

김태준은 조선 회화가 그동안 구상—응물상형—에 충실하지 못하고 추상—기운생동— 또는 남종화南宗畵로 기울어진 병폐를 비판하고 있다. 동주東州 이용희(1917–1997)가 추사秋史 김정희(1786–1856)의 회화가 지나치게 중국 회화의 국제성을 의식했다고 비판했던 것과 일맥상통하는 내용이다. 무애无涯 양주동(1903–1977)의 문장론도 이런 점에서 주목된다.

> 홍운탁월烘雲托月의 법法을 아는가. 달을 그리는데 달을 그릴 수 없으므로 구름을 그리는 것이니, 구름을 그리는 것은 뜻이 구름에 있는 것이 아니오, 뜻이 구름에 있지 않음은 뜻이 진실로 달에 있기 때문이다. 그러면서도 뜻이 반드시 구름에 있어야 하는 것이니 구름을 그리되 까딱하면 혹 중重하게 하고 혹 경輕하게 되나니 이것은 구름의 병이니 구름의 병은 곧 달의 병이다. 구름을 그리되 경중은 알맞다 하더라도 혹 조금이라도 삼가지 않아서 털끝만한 먹티를 낸다면 그것은 곧 구름의 병이니 구름의 병은 곧 달의 병이다.
>
> 양주동, 「문장론」, 『문장』 창간호(1939.2), p.140.

구름만 그려서도 안 되고, 달만 그려서도 안 된다. 홍운탁월의 경지는 구상과 추상 또는 응물상형과 기운생동을 자유롭게 넘나들 때 획득된다. 그런데 달은커녕 구름도 제대로 그리지 못하는 주제에 문학이나 미술을 하면 궁핍하게 살 수밖에 없다며 저주했다. 그리고는 미당未堂 서정주(1915–2000)의 「신부新婦」(『질마재신화』)에 나오는 어린 신랑처럼 곡절을 알아 볼 생각도 않은 채 도망

쳤다. 옷자락이 문 돌쩌귀에 걸린 걸 모르고 "제 신부가 음탕해서 그새를 못 참아서 뒤에서 잡아당기는 거라고, 그렇게만 알고는 뒤도 안 돌아보고 나가 버렸던" 어린 신랑처럼 말이다. 마음이 일그러졌던 소년에게는 사랑보다 증오가 편했나 보다.

자존심이 상해 속이 새카맣게 타들어 간 소년에게 누군가 다가와 "얘야, 그림이나 문학은 배운다고 다 할 수 있는 것은 아니란다. 혼자서도 연마할 수 있으니 겁먹지 말거라. 모방하지 않고 창조할 수 있는 사람은 없단다. 만화 잘 그리는 것도 재능 아니냐. 제가 좋아하는 걸 하는 사람이 제일 행복한 사람이다."라고 말해 주고는 하얀 이를 드러내고 싱긋 웃어 주었더라면, 얼마나 좋았을까. 하지만 다 지나간 일이다.

어차피 예술과 인생 자체가 환상(illusion)인데, 그걸 깨우치지 못했으니 누구를 탓할 수 있겠는가. 내가 살고 내가 죽는다. 나의 문학이며 미술이고 인생이다. 얼마나 다행이냐. "초록 저고리 다홍치마로 아직도 고스란히 앉아" 있는 나의 신부가 "초록 재와 다홍 재로 내려앉아" 버리기 전에 다시 찾아올 수 있었으니……. 신부여, 사랑하는 나의 아내여, 문학이여, 미술이여…….

문학을 향한 근거 없는 오해와 불신이 비에 젖은 쇳조각의 시뻘건 녹처럼 피어나고 있던 어느 날, 어린 영혼에 충격을 주는 인물이 나타났다. 일본 자위대 본부에 난입하여 군사대국화를 주장하고 할복을 감행한 미시마 유키오(三島由紀夫, 1925-1970)였다. 문학을 공리적이고 실용적인 차원에서만 보고 있던 소년에게 그의 당당하고 무사적이며 연극적인 모습은 황홀 그 자체였다. 문학은 무력하지 않았다. 전 세계의 많은 사람들이 그의 퍼포먼스를 보며 경악했지만, 목숨을 걸고 문학을 했던 그는 멋져 보였다.

모든 대립을 이기고 지는 것으로 간주한다. 승자는 모든 것을 갖고, 패자는 아무것도 갖지 않는다. 그리고 이런 결과에 이의를 제기하지 않는다. 그는 이렇듯 깨끗하고 냉정하게 패배를 전면적으로 수용한 인물인 듯했다. 소멸과 적멸의 미학으로 생을 마감한 미시마 유키오 뒤에서 당신이 예고한 죽음을 실천함으로써 자존심을 회복했던 아버지가 웃고 있었다. 그들은 아름다운 사람들이었다. 거의 독학으로 배우다시피 한 내가 전공이 아님에도 불구하고 일본의 근현대문학사를 번역했던 만용의 이면에는 죽음의 환상을 북돋워 준 아버지와 미시마 유키오가 있다. 물론 우리 근대문학의 기원과 생성을 좀 더 구체적으로 살펴보기 위한 통과의례 같은 작업이라는 사실에 가장 큰 의미가 있음은 두말할 나위가 없다.

일본에 대한 의문과 감정의 혼란은 여름의 뜨거운 햇살이 은비늘처럼 쏟아지고 있던 마당에서 아버지의 뒷모습을 바라보며 피습을 당했던 그날의 현기증처럼, 아니 미시마가 자살했다는 소식을 들었을 때 냉탕과 온탕에 연거푸 내동댕이쳐진 것처럼 당혹스러웠던 얼얼하고 기묘한 느낌으로 다가왔다. 그날 이후 두 사람의 돌연한 죽음은 가해자와 피해자, 일본과 한국이라는 대립항을 넘어 눈부신 유혹으로 내 삶을 지배했다. 그리고 이것의 정체를 밝혀보지 못하는 한 끝내 자유로울 수 없으리라는 예감에 사로잡혔다.

호소 마사오 외, 고재석 옮김, 「옮긴이 후기」, 『일본현대문학사 하』(문학과지성사, 1988), p.383.

일본 만화를 그대로 베끼다시피 한 1960년대의 복수극 만화를 즐겨 보면서 일본 정서에 알게 모르게 감염되었던 나는 두 사람의 죽음에 초월적 의미를 부여하기 시작했다. 그러던 어느 날 사람은 태어나서 죽으며, 인생의 무수한 싸움에서 이기고 진다는 사실을 알았다. 그리고 선과 악, 승과 패, 미와 추는 삶의 양면적 진실이라는 것, 아니 이기면서 지고, 지면서 이긴다는 것도……. 아버지가 돌아가신 지 어느덧 반세기가 흐른 오늘, 당신을 생각할 때마다 안타깝다. 구차하게 살아남기를 바라는 것은 아니지만, 초월과 극복을 위해 굴욕과 수치를 받아들였더라면 어땠을까. 춘원春園 이광수(1892-1950)에 대한 김동인의 지적은 의미심장하다.

춘원은 결론적으로는 '숙명'에 도달하고도 사상적으로는 부단히 더 좋은 것을 찾으려고 노력한 데 반하여, 나는 사상적으로든 결론적으로든 숙명의 불가항력을 믿었다. 춘원의 그 용기가 부러운 배

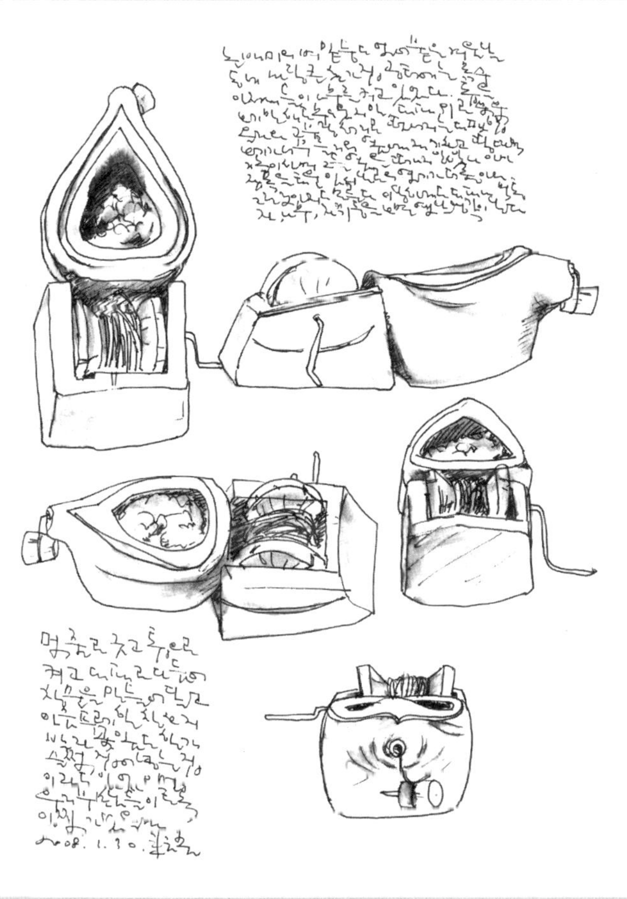
2008. 1. 30.

다. 용기를 잃은 나—생각하면 한심스럽고 딱하다.

김동인, 「신변잡감」, 『문장』 창간호(1939.2), p.165.

어린 시절에 마음 깊은 곳에서 칡덩굴처럼 뒤엉키며 자라난 착각과 오해의 뿌리를 뽑아 낼 수 있을까. 버스는 어느새 회차 지점을 향해 달리고 있다. 바깥에는 뜨거운 햇살이 아스팔트를 녹이기라도 할 듯이 쏟아지고 있다. 폭염주의보가 맞긴 맞나 보다.

2012.08.02.

내걸 수 있는 글

이병기(소설) 애란愛蘭, 애적愛籍, 애고전愛古典에 자작시소집 편수編修로 한이불안閑而不閑

박노갑(소설) 대동大同 출판사에 입사

안회남(소설) 감기로 와석중臥席中

오장환(수필) 장서가 남만서방南蠻書房 개업

정지용(시) 동휴중冬休中 눈 덮인 장수산 정복 차츰 동계冬季 등산가로 진명振名

월탄(시) 박종화 신문소설로 무영일無寧日

「기고가 근황」, 『문장』 2호(1938.3), p.140.

위의 글은 이른바 '휘문살롱'의 단골 멤버들이 문장파의 주축으로 활약했음을 보여준다. '한국문학의 요람'이라고 불렸던 휘문에서 교사로 22년이나 재직했던 가람嘉藍 이병기(1891–1968)를 좌장으로, 좌우에 시의 정지용(1902–1950/15회)과 소설의 이태준(1904–?/1921년 입학, 1924년 중퇴)이 앉아 있다. 그리고 월탄月灘 박종화

(1901-1981/11회)를 비롯하여 박노갑(1905-1951/20회), 안회남(1910-?/1920년 입학, 1926년 중퇴), 오장환(1918-?/1931년 입학, 1936년 중퇴) 등이 수시로 드나들며 주옥같은 글들을 발표했으니, 『문장』은 교지 『휘문』의 확대판이라고 해도 과언은 아니다. 그러나 이들의 후배이자 문예반장(67회)으로 원서동의 볼재(觀峴)에서 『휘문』(42호)을 편집했지만, 나는 두려움을 떨쳐 내지 못하고 겉돌기만 했다. 그런데 지천명을 넘긴 지도 한참 오래인 오늘에야, 지용芝溶의 시를 낭송해 보며 지난날의 교만과 나태를 반성하고 있으니, 민망하기만 하다.

> 伐木丁丁 이랬거니 아름도리 큰솔이 베혀짐즉도 하
> 이 골이 울어 맹아리 소리 쩌르렁 돌아옴즉도
> 하이 다람쥐도 좃지 않고 뫼ㅅ새도 울지 않어
> 깊은산 고요가 차라리 뼈를 저리우는데 눈과 밤이 조
> 히보담 히고녀! 달도 보름을 기달려 흰 뜻은 한밤
> 이골을 거름 이란다? 우ㅅ절 중이 여섯판에 여섯 번
> 지고 웃고 올라 간뒤 조찰히 늙은 사나히의
> 남긴 내음새를 줏는다? 시름은 바람도 일지않는 고
> 요에 심히 흔들리우노니 오오 견듸란다 차고 兀然
> 히 슬픔도 꿈도 없이 長壽山속 겨울 한밤내

정지용, 「長壽山 · 1」『문장』 2호(1938.3), p.120.

앞으로도 자신과의 싸움에서 몇 판이나 더 져야 "슬픔도 꿈도 없이" 담담하게 글을 쓸 수 있을까. 이제 견딜 수 있는 시간도 얼마 남지 않았는데……. 두려웠던 것인가. 그랬다. 부정하기 어렵다. 그런 점에서 젊은 시절 거트루드 스타인(Gertrude Stein, 1874-1946) 같은 안광이 형형한 지인을 만나 이런 충고를 들었던 헤밍웨이(E. Hemingway, 1899-1961)가 부럽다.

> "이 작품도 좋아." 그녀가 말했다. "그 점에 대해서는 의문의 여지가 없지. 하지만 '전시할 수 없는inaccrochable' 글이야. 무슨 말이냐 하면 화가가 전시회를 하더라도 거기에 걸 수 없는 그림 같다는 거야. 물론 그 그림을 사는 사람도 없겠지. 왜냐면 그 그림을 사더라도 걸어 둘 만한 장소를 찾을 수 없을 테니까."
>
> 어니스트 헤밍웨이, 주순애 옮김, 『파리는 날마다 축제』(이숲, 2012), pp.22-23.

아쉽다. 이런 통렬한 충고를 해 준 사람이 없었다. 아니, 이런 사람들을 만나기가 두려웠다. 좀 더 솔직하게 말하자. 이런 강적들과 당당하게 맞설 때까지 자기 수련에 힘쓰겠다고 다짐하면서, 오랜 세월 숨어 지냈다. 예藝 또는 숙련熟練이 인간을 구원한다는 사상을 나도 모르게 간직했었나 보다. 참고로 원문과 예전에 읽었던 책의 번역을 살펴보면 다음과 같다.

"It's good." she said, "That's not the question at all. But it is inaccrochable. That means it is like a picture that a painter paints and then he cannot hang it when he has a show and nobody will buy it because they cannot hung it either."

Ernest Hemingway, A moveable feast. Scribner, New York. 1964

"좋은 작품입니다." 하고 그녀가 말했다. "좋은 작품임에 틀림이 없습니다. 그러나 동의할 수는 없어요. 즉 화가가 그린 그림을 전시장에 내걸 수 없는 것과도 같습니다. 내 걸 수 없으니 살 사람도 없는 거예요."

어니스트 헤밍웨이, 김석주 옮김, 「움직이는 향연」, 『헤밍웨이전집 5』(휘문출판사, 1970), p.309.

1차 텍스트의 확정과 문맥까지 두루 살핀 번역의 중요성은 아무리 강조되어도 지나치지 않다. 축자역과 의역의 우열 그리고 장단 문제는 그야말로 그 이후이며 췌사贅辭에 지나지 않는다. 그나저나 이제는 동네 사람들이 지나가다 올려다보며 부러워해 마지않는 수수재隨樹齋의 모과와 감처럼 야무지면서도 은은하고 감미롭고 탐스러운 글을 쓸 수 있을까. 나도 그런 글을 쓰고 싶다.

2012.08.14

변명은 이제 그만

교단에서 문학을 가르친 지도 어언 40년이다. 그런데 왜 이제서야 다른 작가들의 글을 읽으며 머리를 조아리고 있는 것인가? 고백컨대, 쓰라린 눈을 비비고 일어나 공을 차려고 운동장에 달려가고, 선생님의 눈을 피해 가며 만화를 그렸어도, 남의 글을 읽으며 감탄하거나 절망한 적은 없다. 오만한 천재였던가. 아니다. 그것은 정들였다가 죽으면 어떻게 하느냐며 강아지를 안 키우겠다고 머리를 가로젓는 아이처럼 지레 겁을 먹고, 문학을 애써 외면했던 소년의 영악한 방어기제였다.

문약과 무능력이란 두 단어가 어린 소년의 양쪽 어깨를 무겁게 짓누르고 있었다. 그런데도 아버지가 돌아가신 1967년 봄부터 헌책방을 드나들며 책을 사서 읽었다. 허전했던 것이다. 그러나 학자나 작가가 되겠다는 결심을 해본 적은 없다. 대학원에 진학한 후에도, 다른 곳으로 갈 수 있지 않을까 하는 미련의 눈길을 거두지 못했다. 원했던 길이 아니라는 아쉬움이 컸다. 박사학위를 받은 후에도 자신감을 가질 수 없었다. 글다운 글을 쓸 수 없는 자신을 질책하면서 일기만 썼다. 자기 자신은 물론 문학도 확신할 수 없었다. 그러다가 어렵사리 교수가 되어 이 자리를 지키고 앉아 있으니, 평생 문학을 사랑한 선후배나 동료들에게 못할 짓을 한 것만 같다. 그런데 얼마 전부터 헌책방 문을 조심스럽게 열고 들어가던 소년처럼 책을 읽기 시작했다. 어떻게 이런 용기를 내게 되었던 것일까.

고입 입시 과목의 하나였던 체력장에서 만점을 받으려면 턱걸이를 스무 번 이상은 해야 했다. 그러나 단 한 번도 할 수 없었다. 창피했다. 친구들이 집으로 돌아가기를 기다려 철봉대 밑에 섰다. 하루, 이틀, 사흘……. 철봉대 밑에서 어느새 어두워진 하늘만 올려다보다가 고개를 숙이고 터벅터벅 걸어 교문을 나서는 날이 계속되었다. 그러던 어느 날, 굳은살이 노랗게 박인 손바닥에 침을 퉤 뱉고 훌쩍 뛰어올라 철봉을 움켜잡았다. 양팔에 힘이 가득 차오르는 걸 느꼈다. 허리를 바짝 세우고, 가슴을 힘껏 밀어올리며, 철봉을 잡아당겼다. 아, 그렇게 완강하던 철봉이 내 턱을 받치고 있었다. 집으로 돌아오는 버스에 앉아, 비릿한 쇠 비린내가 풍겨오는 손바닥의 굳은살을 뜯으며, 깨달았다. 주눅이 들어 엉덩이를 뺀 채 철봉에 매달린다면, 헤라클레스 아니라 그 누가 오더라도 단 한 번도 턱걸이를 할 수 없다는 것을…….

아버지를 생활의 패배자로 만든 가난을 증오했고, 헌책방 아저씨들을 작가인 양 착각하고 경멸했던 소년에게 문학은 시렌느

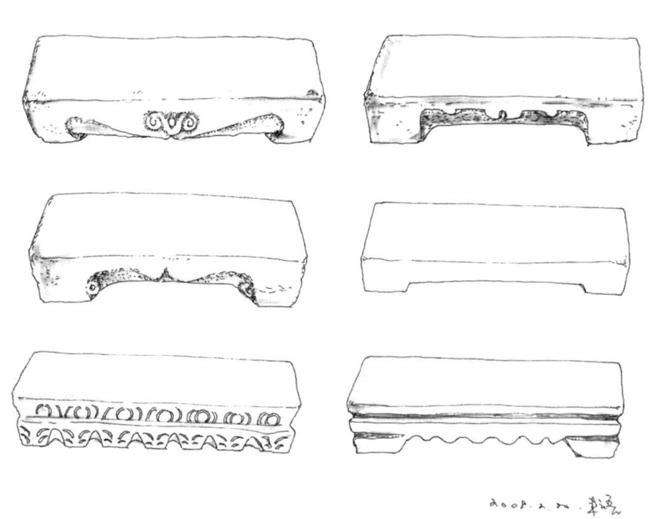
2008. 2. 20.

(Sirene)와도 같았다. 문학은 금기와 위반, 선망과 경멸, 사랑과 증오 사이에 걸터앉아 손을 내밀고 있었다. 그러나 그토록 문약이 싫었더라면 진작 돌아섰어야 하건만, 비겁하게도 문학이 먼저 다가와 손을 잡아 주기를 기다리고 있었다. 사랑하면 빼앗아라! 이건 멜로드라마에서나 나오는 말이었을 뿐이다. "주는 건 받아야지." 매사가 이런 식이었다. 두려웠던 것이다. 중도반단中途半斷과 결말지연結末遲延으로 요약되는 우유부단優柔不斷의 인생이었다. 네가 원해서 사랑해 줄 뿐이라는 비겁한 논리 또는 시혜적인 태도를 버리지 않는 한, 진정한 사랑은 불가능하다.

그리고 나서 문득 나는 아직도 내 몸속에 사람을 사랑할 수 있는 힘 —그렇게까지는 말할 수 없다 하드라도 이성을 구하려는 본능이 사라지지 않은 것을 스스로 발견하고 저윽이 놀래이며— 아주 죽지는 않은 모양이다.

마음 한구석으로 몰래 생각하고 —그것은 참 새롭고 훌륭한 발견이었다. 나는 그때 비로소 이상한 충동을 느끼고 자리에서 벌떡 일어나며— 어느 정도까지 살어있는지 시험해보리라. 그렇게 생각하고 자기 방으로 돌아가려는 유미에의 손을 덥석 쥐었다.

정인택, 「준동蠢動」, 『문장』 3호, p.69.

 모딜리아니(A. Modigliani, 1884–1920)의 연인 잔 에뷔테른(Jeanne

Hébuterne, 1898–1920)처럼 고개를 갸웃 숙인 채 천장까지 올라간 책장을 올려다본다. 의자를 놓고 책을 꺼낸다. 창문으로 쏟아져 들어오는 햇살이 낡은 책에서 일어나는 먼지를 하루살이의 군무처럼 비춘다. 너무 오랫동안 철봉대, 아니 책장 앞에 서 있기만 했구나. 이제는 사랑했기 때문에 미워했다는 변명일랑 하지 않으리라. 문학의 손을 덥석 쥐고, 아니 그의 가슴을 억세게 끌어당겨 거칠게 입술을 부비며, 죄 없는 두 마리의 짐승처럼 숲속으로 날려가리라.

2012.08.16

출구 없는 지식인의 비애

그 엷은 웃음이 사라져가는 문주의 입술을 바라보고 있는 자기 눈에 알 수 없는 눈물이 솟는 것을 깨닫고 정일이는 돌아앉아 물줄기가 스쳐 내리는 유리창 밖을 내다보았다. 잠든 듯한 시가를 내리 덮는 비안개 속에 가등만이 눈을 떠서 인적이 끊긴 거리에 비에 씻긴 전차 궤도를 길게 비출 뿐이었다.

최명익, 「무성격자」, 『문장』 3호, pp.54-55.

최명익(1903-?)이라면 아버지의 동향同鄕 친구였던 김리석(1914-1964)과 함께 동인지 『단층斷層』을 만들었던 심리소설 작가라는 정도는 알고 있다. 그런데 이 작품은 두꺼운 강철판처럼 공고해진 식민지 체제 밑에서 신음하는 지식인들의 자조와 고뇌를 보여주고 있어 주목된다. 마치 이상(1910-1937)과 손창섭(1922-2010)의 작품을 섞어 놓은 듯하다. 도쿄에서 가솔린 냄새만 맡았던 폐병 환자 이상이 레몬 향을 그리워하다 죽을 수밖에 없었듯이, 지식인들에겐 탈출구가 없었다. 이데올로기의 광장은 폐쇄되었고, 만주국에 들어가 새로운 모색을 시도해 보려고 해도 선계鮮系 식민지인에 불과했고, 남은 것은 마약에 찌들고 매독에 걸린 육체였을 뿐이다.

해방 직전, 20대 중반이었던 아버지는 평양시 이문리 87번지에서 레스토랑 만수萬壽를 개업했고, 최명익은 연초사업에 뛰어들었다. 이런 비정치적인 선택에서 출구 없는 지식인들의 비애를 읽어 내는 것은 실향민의 자식이기 때문일까. 아니면 서 지부한 장맛비 때문일까.

2012.08.25

인연의 수맥

2부 행사 때만 해도 중강당을 가득 채웠던 방청객들은 3부 학술행사가 시작되기도 전에 거의 다 빠져나갔다. 불교방송국에서 나온 기자가 삼각대 위에 카메라를 고정하고 있다. '석전石顚 박한영 축전'이라는 큰 제목 밑에 스님의 초상화를 넣고, 고문·공동위원장·축전위원 명단을 깨알처럼 적은 후, '준비; 동국대학교 정각원 백파사상연구소(2012.10.08)'라고 별색으로 처리한 대형 걸개를 뒤로하고, 조명으로 눈부신 단상에 시계를 풀어 놓는다. 20분 안에 끝내 달라는 사회자의 요청을 지켜 주어야 할 듯하다.

"지난 1992년 3월 16일 새벽, 만해 한용운 스님을 꿈에서 만나 세 가지 질문을 드린 적이 있습니다." 앞줄에 앉아 딴전을 피우던 몇몇 스님들이 이 말을 듣자 의외라는 듯 쳐다본다. "『님의 침묵』을 두석 달 안에 탈고하신 거 아니냐고 물었습니다. 대답하지 않으셨습니다. 다시 여쭸습니다. 석전 박한영은 스님께 어떤 존재였느냐고 말입니다. 그러자 석전은 말로 하기 어려운 높고 깊은 분이라는 말씀이 어둠 속에서 들려왔습니다." 그랬다. 그날 만해를 꿈에서 처음 만났다. 다시 입을 열었다.

"오늘 아침에도 꿈을 꿨습니다. 누군가의 이름을 도장에 새겼는데 인주가 없어서 가자미식해 같은 데다 묻혀 찍다가 깨어 보니 2시 40분이었습니다. 아마 석전 같은 큰스님을 저 같은 천학비재의 속인이 평가하다니, 괘씸하다는 뜻이 아니었는지 모르겠습니다. 하긴 이 보잘것없는 발표 원고를 쓰고, 긴장이 풀려 고등어자반을 안주 삼아 수주를 마신 덕분에 통풍이 재발해서, 꼬박 일주일 동안 약을 먹어야 했습니다. 석전 스님의 법력을 다시 한 번 느꼈습니다." 스님들이 빙그레 웃는다. 정녕 함부로 까불지 말라는 경고의 메시지였는지 모른다. 하지만 여기까지 올라온 터 망설일 것이 무엇인가. 이미 『한국근대문학지성사』(깊은샘, 1991)에서 석전의 문학과 사상에 대해 논했기에 이런 자리에 초대된 것이 아닌가. 발표 시간은 어느새 5~6분을 넘겼다. 결론을 내리기로 하자.

"시선일규詩禪一揆 즉 시와 선이 하나라는 말은 너무 당연한 것인지 모릅니다. 글을 쓰는 것은 도를 깨우치는 일이며, 어떻게 물을 것인가를 배우는 일입니다. 그러므로 시와 선은 하나의 법도라는 석전의 주장은 옳습니다. 그가 보여준 삶의 위의와 박람강기 그리고 시선일규의 시관詩觀은 그의 도반이자 후배였던 만해 한용운을 비롯한 많은 문인들에게 전범이 되었습니다. 아니, 그가 보여준 문기文氣는 한국시의 품격과 정체성 형성의 또 다른 원

천이었으며, 앞으로도 많은 문인들에 의해 계승될 것입니다."

앰버서더 호텔의 뒷골목을 내려와 충무초등학교를 끼고 퇴계로 5가 쪽으로 걸어 나오니 거리가 조금 환해진다. 신입생 시절, 이 부근에 피닉스라는 조그만 호텔도 있었고, 화룡각이라는 중국집도 있었는데, 지금은 자취도 없다. 어둠 속에서 뒹구는 낙엽처럼 세월은 많이도 흘렀구나. 그래서 아까 식사 자리에서 소석素石 이종찬(1933–) 선생이 특유의 명랑한 웃음을 터뜨리며 이렇게 말했나 보다. "아, 다 살아져. 강의는 뭔 강의? 술? 아이고 이젠 물도 잘 안 먹어." 맞다. 인생이란 사는 것이기도 하고 살아지는 것이기도 하다. 석전도 그런 심정이었기에 이런 시를 남겼으리라.

애타는 노모 뒤로하고 석문을 넘었지.	震老眞成跨石門
출가하여 효도하겠다며 부처님께 통곡하였네.	出家存孝哭慈尊
못 다한 효도 부끄러워 풍목을 읊조렸네.	愧吾不逮嘆風木
서산에 머리 조아리니 눈물이 앞을 가리네.	稽首西山眠欲昏

대한극장은 예전의 모습을 잃었고, 진양상가도 세월 속에 낡아버렸다. 석사학위 초록을 발표하던 1981년 겨울이 생각난다. 그날 미당 서정주 선생을 잠시 쉬는 시간에 복도에서 뵙고 인사를 드렸더니, "자네 참 좋은 논문을 발표했더구먼!" 하시면서 흰 박꽃처럼 웃어 주셨다. 그런데 세월이 흘러 미당 선생도 돌아가셨

고, 오늘 그의 '뼈를 덥혀 주는 스승'이자 '영원의 맥박'이었던 석전에 대해 발표했으니, 인연의 수맥水脈이란 깊고도 멀다. 미당은 스승 석전을 이렇게 기린 바 있다.

> 1934년 봄 진달래꽃 공기에
> 절 뒤채 툇마루에서 담배를 피우노라니
> 누가 귀창이 쨍히 울리는 소리로
> "아! 정주, 기 골뚝 길구나!
> 이 맑은 날에 미안치도 않은가 뵈?
> 최남선이는 서른셋까지 피우던 담배도
> 공부하노라곤 끊기도 했는데,
> 자네 나이에 그래가지고 마음이 어찌 되지?……."
> 하고 있어, 눈여겨보니 석전 스님이었다.
> 그 말씀의 뜻보다도 그 소리에서는
> 애처로워 못 견디시는 울이 뻗쳐와서
> 나는 손에 든 담배를 무심결에 떨구었다.

서정주, 「석전 박한영 대종사의 곁에서 2」 일부

만해萬海 한용운(1879–1944)에 대해 몇 편의 글을 쓰다가 문학사의 그늘에 숨어 있던 백화白華 양건식(1889–1944)을 만났고, 다시 인연의 발자취를 따라 석전 박한영을 알게 되었다. 석전은 만해

가 평생 존경해 마지않았던 영혼의 도반道伴이자 선배였다. 그리고 육당六堂 최남선(1890–1957)은 물론 위당爲堂 정인보(1893–1950)가 그에게 사숙하며 깊게 머리를 조아렸다. 또한 젊은 날의 치기와 교만을 반성하며 찾아온 신석정(1907–1974)과 미당 서정주를 언제라도 푸근하게 맞아 주던 '외할머니의 뒤안 툇마루'와도 같은 큰 스승이었다. 그런데 오늘 미당의 강의를 한 귀로 듣고 한 귀로 흘려버렸던, 그리하여 늦은 나이에 책상에 앉아 낡은 책을 펼치고 만년필을 반지작거리고 있는 내가 이런 발표를 하였으니, 정녕 분수에 넘치는 일을 한 것이 아니고 무엇인가.

젊은 시절에는 양심이 불의의 편으로 기울어질 때면 양심의 거울에 자신을 감히 비춰 보지 못한다. 반면에 장년기에는 양심의 거울에 자신의 모습이 보인다. 여기에 인생의 두 국면 사이의 모든 차이가 있는 것이다.

오노레 드 발자크, 『고리오 영감』, 위의 책, p.169.

버스가 왔다. 퇴근길 손님들을 한바탕 실어 나른 후라서 그런지 버스는 텅텅 비었다. 이런 인연의 끝자락에 앉은 줄도 모르고 울고불고하며 짓까불다가 어느새 늙어 버린 내가 어둠에 젖어 거울처럼 빛나는 차창 속에서 나를 쳐다보고 있다.

2012.10.00

아름다운 우정의 조건

지난봄에 희원이 내외가 생일 선물로 사다 준 스탠드 불빛이 따스하다. 내일은 영상 10도로 떨어진다고 한다. 아침에 주문했던 책이 오후에 배달되었다. 좋은 세상이다. 승원이에게 오전에 부탁했는데, 저녁 일곱 시에 근사한 비닐 백에 담겨 왔으니 말이다. 세상은 예상보다 훨씬 빠르게 발전한다. 그러나 이런 신속성과 편리함으로 사람과 사람 사이의 정마저 증발되는 건 아닌지 모르겠다. 서문만 읽고 책을 덮는다. 좋은 글인 것 같아 천천히 읽고 싶다. 안 되겠다. 좀 더 보고 자야겠다.

이 친구 주량이 또 가관이라 어쩌면 나와 그렇게도 잘 만났는지 둘이 마주앉아 두 홉만 들어가는 날이면 그만 피차에 횡설수설이 나오고 만장기염萬丈氣焰을 토한다. 그런데 그 만장기염이란 것이 또 걸작이지, 목소리가 찢어진 북소리로 변할 때까지 기를 올리고 악을 쓴다는 것이 모조리 항아리 이야기뿐이다. 이조의 그 천덕군이로 천대만 받고 살던 민중들의 손에서 어쩌면 이렇게도 우리들의 심금을 두들기는 아름다움이 우러났느냐는 것이다.

김용준, 「아름다운 도적」, 『근원전집 이후의 근원』(열화당, 2012), p.33.

지금보다 훨씬 궁핍했고 나라마저 빼앗겼던 시절, 근원近園 김용준(1904–1967)과 수화樹話 김환기(1913–1974)가 나이를 뛰어넘어 나누고 있는 우정이 보기에도 흐뭇하다. 이들이 역사에 향기로운 이름을 남길 수 있었던 것은 남다른 재능과 실력 때문임은 물론이거니와, 외우畏友에게 받은 자극을 자기 연마와 수양의 원동력으로 삼고 정진을 거듭했기 때문이 아니었을까. 그들은 행복한 경쟁자들이었다. 영혼의 도반이었다.

세상은 하여간 자기가 행복한 경쟁자를 만나면, 언제나 상대가 지니고 있는 일체의 장점에는 그냥 외면을 하고 그저 단점만을 보려고 하는 사람과 그와는 반대로 무엇보다 먼저 그 행복한 경쟁자 속에서 자기보다 뛰어난 성격을 발견하려는 생각으로 마음에 옥죄이는 듯한 아픔을 느끼면서도 그저 장점만을 찾아내려고 하는 사람이 있다.

톨스토이, 박형규 옮김, 「안나 카레리나 1」, 『대大톨스토이전집 6』(신구문화사, 1972), p.58.

아르보 패르트(Arvo Pärt, 1935–)의 「거울 속의 거울(Spiegel im Spiegel)」이 투명한 행복을 안겨 준다. 그러나 그동안 음악도 듣지 못하고 너무 많은 의미를 부여하며 살았다. 심리학에서는 이를 확정편향(conformation bias)이라고 부른다. 그래서인가. 자기 자신을 위한 헌신에서는 양보하고 싶지 않지만, 타인을 배려하고 아끼는 마음에서는 근원이나 수화를 능가할 자신이 없다. 아, 언제쯤이나 아름다운 사람이 될 수 있을까.

2012.10.10

그림 밖의 그림

근원 김용준 문하에서 잠시 수학했던 산정山丁 시세옥(1929-)은 다음과 같이 선생의 가르침을 회고한다.

> 그리고 중국그림에서 새로운 개척이나 실험정신을 주류로 놓고 강의하셨어요. 예컨대 양주팔괴揚洲八怪를 중심으로 많은 이야기를 하셨어요. 미술사에서도 사관史觀이 중요한데, 그분의 사관이 그랬습니다.
>
> 김용준, 『근원전집 이후의 근원』, 위의 책, p.10.

관파官派와 야파野派로 나눌 수 있는 중국회화라……. 글쎄다. 비록 미술을 정식으로 배우지 못했지만, 만일 '자기본위'라는 말을 이념의 푯대로 삼고 그림을 그렸더라면, 나는 지금 어떻게 살고 있을까. '괴怪'를 정통에서 벗어났다는 의미로만 읽고, 자신의 한계를 돌파하는 용기와 개성의 의미로는 읽어 내지 못했던 지난날이 아쉽다. 그래서 일연(1206-1289)도 『삼국유사』에서 "제왕들이 일어날 때는 부명을 안고 도록을 받아서 반드시 보통 사람보다 다른 바가 있었다(帝王之將興也 膺符命受圖籙 必有以異於人者)."라고 했던 것인데 말이다.

양주팔괴란 청나라 중기 양주揚州 즉 강소성江蘇省에서 활약한 왕사신(汪士愼, 1686–1759) 등 여덟 명의 화가를 말한다. 이들은 공통적으로 전통적인 화법이나 기교에 구애를 받지 않고, 독창적이고 개성적인 표현으로 화훼와 인물을 즐겨 그렸다. 또한 대부분 관리의 길에 나가지 않고 시서화를 즐기며 자유인으로 지냈다. 자유로운 영혼들이었다. 이들의 화풍은 위로는 명나라의 서위(徐渭, 1521–1593)에 이어지며, 아래로는 청나라 말기의 조지겸(趙之謙, 1829–1884)과 오창석(吳昌碩, 1844–1927)에게도 큰 영향을 끼쳤다. 서세옥의 회고는 다시 이어진다.

> 또 그림에서 가장 중요한 것으로 '고졸古拙'해야 함을 강조하셨어요. '예스럽고 좀 옹졸한 듯해야 한다.' 무슨 말이냐면, 뿌리를 알고 그려야 하고 순수하고 순박한 정신이 있어야 한다는 거예요. 되바라지고 화사하기만 한 그림을 추구하면 말기末技로 몰락한다는 거였죠. 이 '고졸'이라는 말을 강의할 때마다 수십 번씩 언급하셨어요.
>
> p.10.

'고졸'이란 서권기書卷氣 문자향文字香의 경지와 상통한다. 예스

럽다. 고풍스럽다. 전거를 잃지 않는다. 기본이 있어야 하지만 좀 옹졸한 듯해야 한다. 원칙을 지키려는 자의 순수한 고집과 순박한 자세가 합쳐진 경지이자 재주를 하나도 부리지 않은 바위와도 같은 기품이라고 할까. 담담하면서도 묵직한 조선 반닫이, 넉넉하면서 깨끗하고 시원한 달항아리, 천여 년의 세월을 두 손에 모으고 맑고 깊은 눈으로 세상을 굽어보고 있는 경주 남산 신선암의 마애보살반가상을 떠올린다면 그 뜻을 헤아릴 수 있으리라.

동양예술에서 대상을 놓고 그리는 것을 사실寫實이라 하고, 대상 밖의 것을 그리는 것을 사의寫意라고 하는데, 사의의 정신에 예술의 위대함이 있지요, 사실에서 그리는 것을 소홀히 해서는 안 되지만 그것은 말초적이고 보편적인 것이에요. 사의의 정신은 원칙적이고 근본적인 것이기 때문에 갈 길이 무궁무진한데, 그걸 나한테 가르쳐 주신 분이 바로 근원 선생이었습니다.

p.14.

나는 언제쯤 그림 밖의 그림을 그릴 수 있을까. 과연 시서화의 겸수兼修는 불가능한 꿈일까? 혹시 지금처럼 독서와 습작을 게을리하지 않으면 그런 경지에 오를 수 있을지도 모른다. 하지만 이렇게만 해서 할 수 있다면, 누군들 못하고, 또한 못했겠는가. 근신독행勤愼篤行과 용맹정진勇猛精進이 뒤따르지 않는 독서와 습작은 무의미하다. 오늘도 돌아가신 스승을 그리워하고, 만나 보지 못한 책 속의 스승들 앞에서 옷매무시를 바로잡는 이유가 여기에 있다. 여기에 있다.

2012.10.11.

책의 주인과 노예

그러므로 예술작품이 제아무리 뛰어난 표현력을 갖췄다고 할지라도, 그 성공 여부는 역시 그 작품을 경험하는 이의 협력 여부에 달려 있다. 왜냐하면 우리는 '말로 표현된 것' 자체를 이해할 수는 있지만, 지루해지거나 자칫 한눈을 팔다가 감동 없이 이를 넘겨 버릴 수도 있기 때문이다. 예술은 유혹이지 강간이 아니다. 예술작품은 도저히 회피할 수 없는 유형의 경험을 제시한다. 그러나, 예술은 체험 주체의 공모 없이는 유혹에 성공할 수 없다.

수전 손택, 『해석에 반대한다』, 위의 책, p.46.

헌책방에서 한두 권씩 사서 모으다가 결본이 못내 아쉬워 발품을 팔아 전질을 갖췄지만, 읽지도 않아 먼지만 그득 쌓여 있는 세계문학전집을 보는 마음이 씁쓸하다. 써 보지도 못하고 금고만 지키다 죽는 수전노와 그럴듯한 책장만 만들어 놓고 바라만 보는 장서가 사이에는 무슨 차이가 있을까. 읽지 않는 한 책은 휴지에 불과하다. 나는 저 책들의 황홀한 유혹을 애써 외면하면서 감금해 놓고 지켜보기만 하는 관음증 환자였다.

존 파울즈(John Fowles, 1926–2005)의 『콜렉터』에서 자신을 노동계급이라고 믿고 있는 나비 수집가 칼리반은 지식계급 여성 미란다를 납치하지만, 점차 노예가 되어 가는 자신을 발견한다. 그는 사랑을 덜 주는 사람이 권력을 쥔다는 사랑의 권력학을 모른다. 나 역시 책을 마음껏 사랑하지 않았기 때문에 책의 주인이기는커녕 책의 부림을 받는 인간이 되었을 뿐인가. 좋은 스승들의 사랑도 많이 받을 수 있었건만, 마음이 좁아 인연의 꽃을 피우지 못했다.

> 아무도 이런 상황을 믿지 않으리라. 그는 나를 포로로 잡아 두고 있다. 그러나 사실상 내가 주인이다. 그는 이러기를 암암리에 조성하고 있다. 이런 상황을 만들어 냄으로써 내가 낙담하고 의기소침해 하는 것을 막으려는 술책을 쓰고 있다.
>
> 존 파울즈, 정종화 옮김, 「콜렉터」, 『현대세계문학전집 1』(신구문화사, 1968), p.134.

석제石濟 조연현(1920–1981) 선생이 분필로 칠판을 쪼아 내듯 또각또각 소리를 내며 독특하게 각이 진 글씨체로 세로쓰기 판서를 하고 있다. 겨울 강의실 창문을 타 넘고 들어온 오후의 설핏한 햇살이 선생의 마디진 엄지와 검지, 중지 세 손가락 사이에서 피어오르는 분필 가루를 뽀얗게 비추고 있다. 판서를 마치면 선생은 나무 의자를 끌어다 앉고 조용히 담배를 태웠다. 담배 연기가 칙

칙한 녹색 칠판 위로 사라지고, 우리들이 다 쓴 걸 확인한 선생은 버버리 코트마저 무겁다는 듯 힘겹게 일어나 판서한 내용을 한번 죽 읽어 주었다. 그러나 그것으로 끝내기엔 너무 이르다 싶으면, 동양에는 관상이 발달하고 서양에는 수상이 발달했다는 이야기를 들려주었다.

학생들이 못미더워하는 표정을 지으면, 헤밍웨이의 『누구를 위하여 종은 울리나』에서 파블로의 부인 필라르가 조단의 손금을 보고 그만 입을 다물어 버리는 장면을 예로 들었다. 그리스 출신의 성격 배우 카티나 팩시누(Katina Paxinou, 1900–1973)가 그녀로 나왔다는 것은 얼마 전 〈추억의 명화〉를 보다가 알았다. 그런데 이제서야 발자크(Balzac, 1799–1850)의 『고리오 영감』을 읽고, 긴가민가하며 들었던 그날의 강의를 떠올렸으니, 후생가외後生可畏라는 사자성어가 무색하기만 하다.

"아가씨에게서 행운의 손금을 보았던 것 같은데, 빅토린 양, 나한테 손을 좀 보여주겠소? 나는 수상手相에 정통하다오. 나는 종종 행운을 예언했었소. 자, 겁내지 마시고. 오! 이거 뭐가 보이나? 내 맹세코 단언하지만, 당신은 머지않아 파리에서 가장 부유한 상속녀 중 한 사람이 될 거요. 당신은 당신을 사랑하는 남자를 행복으로 채워 줄 거요. 아버지가 당신을 곁으로 부르게 될 거요. 당신은 당신을 열렬히 사랑하는 작위를 지닌 젊고, 아름다운 남자와 결혼하게 될 거고."

오노레 드 발자크, 『고리오 영감』, 위의 책, p.265.

불사신이란 별명을 지닌 탈옥수 보트랭이 라스티냐크와 빅토린 타유페르를 결혼시키기 위해 그녀의 손금을 봐 주면서 새로운 남자가 나타날 거라고 예언하는 장면이다. 그러나 선생은 문학평론가답지 않은 면모를 보여주었다고 생각했는지, 여러 일들을 변명처럼 들려주고 총총 문을 나섰다. 당신의 이런 관심은 휴전 이후 고단했던 시절에 미래의 운명이 궁금하여 점쟁이 백운학과 어울려 다니면서 갖게 되었으며, 왜소한 체구와 볼품없는 외모에도 평론가가 되고 한국문인협회 이사장까지 될 수 있었던 건 강의실 뒤까지 낮게 울려 퍼지는 음성 덕분이라고 말하지만, 가장 중요한 건 결국 인간의 의지라는 말씀이었다.

한편, 그날 선생은 문학 공부를 할 때 모울턴(Moulton, 1849-1924)의 책이 가장 많은 참고가 되었다고 말했다. 그것이 혼다 아키라(本多顯彰, 1898-1988)가 번역한 『文學の近代的研究』(岩波書店, 1932)임은 나중에야 알았다. 그리고 대학원 시절, 한국문인협회로 리포트를 제출하러 갔던 날이 떠오른다. 그날 선생은 걸핏하면 결강을 하시면서 바둑을 두는 모습을 보여주는 게 미안했던지 멋쩍게 웃으면서, 교수 노릇이 제일 편하니 자네도 나중에 교수가 되라고 뜬금없이 격려해 주었다. 지금 생각하면 선생이 일러준 신의 한 수가 아니었나 싶기도 하다. 그러나 선생도 나도 수강생들이 강의를 평가하고 성적을 확인하는 세상이 올 줄은 미처 몰랐다.

그런가 하면 미당 서정주 선생의 읊조리는 듯 눅진한 말투와 강의 내용이 궁해지면 얘들아 나 좀 보아 주려무나 하듯이 조끼 주머니에서 회중시계를 슬쩍슬쩍 꺼내 보던 모습도 눈에 선하다. 그걸 신호로 우리들은 "선생님! 피곤하실 텐데 오늘은 강의 그만 하시죠." 하고 외쳤고, 선생은 "아, 그럼 그럴까? 다음 주에 보세나." 하면서 흐뭇한 미소를 짓고 강의실 문을 나섰다. 또한 신입생 시절, 현대시론 시간에는 이런 일도 있었다. 당신이 반해서 쫓아다녔고, 술도 많이 얻어 마셨다는 이상의 「오감도」를 너무 상투적으로 설명하시는 것 같아서 딴에는 예쁜 짓을 한다고 반론을 제기했다. 그러자 네깐 놈이 뭘 안다고 그따위 소리를 하느냐며 엄청나게 화를 내셔서 당황했다. 역린을 건드렸던 셈일까. 하지만 멋쩍고 분한 기억도 잠시, 『질마재신화』 출판기념회에 동원(?)되었다가 증정본을 얻는 행운을 누리기도 했다. 대학원 시절에는 한 과목에 A+를 두 번이나 받는 일도 있었다. 리포트를 두 편 제출했더니 그만 동명이인으로 아셨나 보다. 그중의 한 편이 지금 고창의 미당 서정주 기념관에 보관 중이니 정녕 스승의 사랑은 깊기만 하다.

뿐인가. 지도교수였던 김장호(1926–1999) 선생이 강의실과 술

자리를 가리지 않고 들려주던 강의도 잊을 수 없다. 지겹도록 들었던 르네 웰렉(Rene Wellek, 1903-1995)의 『문학의 이론』 원서 강독을 비롯하여 에우리피데스(Euripides, BC 484 추정-BC 406 추정)의 비극 「히폴리토스」 이야기, 그리고 독선과 오만을 뜻하는 히브리스(hybris)의 철학적 의미, 선생의 독특한 불어 식 영어 발음……. 선생은 리터레처라고 하지 않고 반드시 리테라뚜르라고 했다. 늦가을 달밤의 억새처럼 쇠잔해진 월하月下 김달진(1907-1989) 선생을 과천 주공아파트로 찾아뵈었던 날, 두 손을 붙잡고 안부를 여쭈면서 눈가에 번지던 선생의 눈물……. 빈대떡이 맛있고 동동주가 달았던, 그리고 초등학교 여동창생이 하는 집이라고 해서 달달한 이야기를 기대하게 만들었던 돈암동의 진미집……. 핸드폰 화면처럼 넘어가는 추억의 장면들이다. 인색하고 고집스러운 점도 없지 않았으나, 정도 많고 사나이 중의 사나이였던 선생이 남긴 수많은 일화는 그립기만 하다.

그나저나 문학 이론이나 문학사와는 관련 없는, 선생들의 체취가 느껴지는 생활의 추억만이 기억에 남아 있으니 신기할 따름이다. 이겼던 탓도 있지만, 문학을 평생의 업으로 삼을 마음이 없어 강의를 열심히 듣지 않았기 때문이리라. 더구나 어느 순간부터 책은 수집의 대상이 되고 말았다. 아르바이트를 해서 학비를 벌고 강의를 듣기에도 바쁘다는 핑계로 독서는 뒷전으로 밀려났고, 한두 권씩 사서 조그만 책장에 꽂아 두고 보는 것을 위안으로 삼

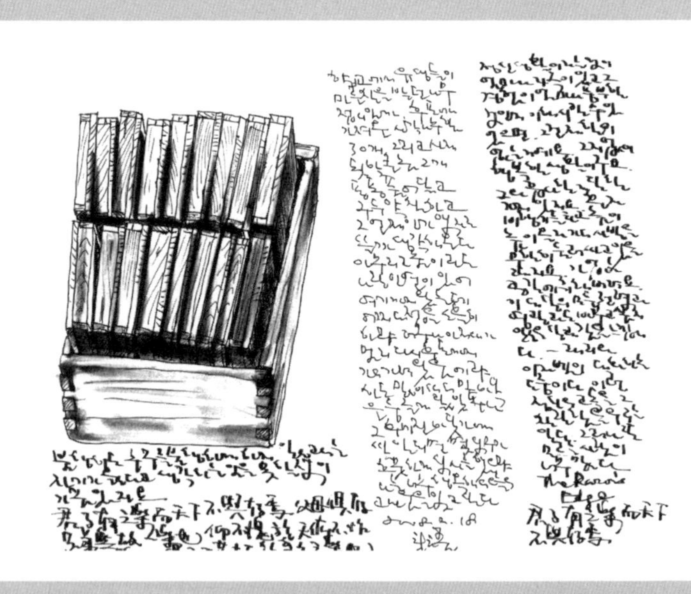
The Razor's Edge

았을 뿐이다. 다행히 다음과 같은 글을 보니 이런 후회는 나만의 것은 아닌 듯하지만, 독서의 황홀경을 누리지 못했던 학창 시절은 늘 아쉬움으로 남아 있다.

> 며칠을 우울하게 지내다가 생각하니, 이것도 다 내가 필요 이상의 욕심을 낸 결과라는 생각이 든다. 수즉욕다壽則辱多라는 노자老子인가 누구인가의 말과 같이, 쓸데없이 책을 많이 가졌기 때문에 이런 욕도 보는 것이 아닌가. 잃어버릴 것을 애당초 갖지 않았더라면 잃어버리고 분해할 까닭도 없는 것이 아닌가……. 앞으로는 책에 대해서도 허욕은 내지 않으리라 생각하였다. 나에게 꼭 필요한 책 이외에는 눈을 거들떠보지 않으리라고…….
>
> 유진오, 『구름 위의 만상』, 위의 책, p.69.

책에 대한 허욕! 그렇다. 이제는 더 이상 저장강박증 환자처럼 책을 모아 두기만 할 수도 없고, 자신을 속이며 살 수는 더욱 없다. 늦은 나이에 딱한 노릇이기는 하지만, 나는 앞으로도 오랫동안 독서를 하면서 '환희의 고통'을 즐겨 볼 작정이다.

2012.10.16.

약자의 질투

어린 것이 퍽이나 힘들었구나. 이불을 옆으로 밀쳐놓고 오랜만에 느긋하게 신문을 보고 있는데, 눈이 아파요 하면서 둘째 딸아이가 들어온다. 정말! 눈덩이가 볼록 솟았다. 선하다는 표현이 가장 적합한, 그래서 철없던 아비의 지난날을 돌아다보게 만드는 착한 눈이 몸살을 앓고 있다. 어제 면접을 치르고 돌아와 함께 점심을 먹고 그만 녹초가 되어 콘택트렌즈를 낀 채 잠들었나 보다. 그러나 아이의 얼굴은 환하다.

최선을 다하다 보면 몸은 백기투항을 하지만 마음은 유유자적하다. 오래 피우던 담배를 끊고 한용운 평전을 쓸 때도 그랬다. 달콤한 유혹을 뿌리치는 것도 고통이라면, 그렇게 자신을 채찍질해서라도 마무리 짓고 싶었다. 그런 사정을 알기에 다래끼는 네가 노력한 증거라고 볼 수 있지 않겠느냐며 볼을 토닥여 주고, 찬물로 씻어 보라고 등을 두드려 주었더니, 금세 깨끗한 이마를 앞세우고 들어와 옆에 앉아 웃는다. 최선을 다한 사람의 모습은 아름답다.

겨울비가 온다. 안과에 간다고 대문을 나서는 아이에게 우산을 주고 서재에 올라와 컴퓨터를 켠다. 화면에는 온통 며칠 남지 않은 대선 관련 기사들뿐이다. 중도사퇴, 2보 전진을 위한 3보 후퇴……. 글쎄다. 이 변덕스러운 대중들이 누구를 선망과 기대의 프레임 속에 넣어 두고 5년이나 곱게 기다려 줄까. 대중의 환호와 표변의 술잔이 너무도 빨리 도는 걸 보고 있으니 어지럽기만 하다. 어제 읽다가 덮어 둔 최인호(1945-2013)의 「깊고 푸른 밤」을 펼친다. 삶의 끝자락에서 느끼는 허망한 심개가 잘 표현되어 있다.

파도에 의해서 밀려온 낯선 뭍으로의 망명이 그의 분노를 잠재운 것은 아니었다. 그는 그가 살아온 모든 인생, 그가 보고 듣고 느꼈던 모든 삶들, 그가 소유하고 잃어버리고 허비했던 명예와 허영, 그가 옳다고 믿었던 정의와 법法 때로는 성공하고 때로는 배반당했던 그의 욕망, 끊임없이 추구하던 쾌락과 성욕, 그가 한때 가졌다 버렸던 숱한 여인들, 그 모든 것들로부터 무참하게 얻어맞고 마침내 처절하게 패배당한 것 같은 느낌을 받았다. 처절하게 패배당했다는 사실을 깨달았을 때 그의 분노는 참다랗게 재를 보이며 소멸되었다.

최인호, 「깊고 푸른 밤 외外」, 『한국소설문학대계 58』(동아출판사, 1995), pp.411-412.

문예반에 들어갔던 1972년 가을부터 『조선일보』에 연재되기 시작한 「별들의 고향」을 읽으며, 최인호를 처음 알았다. 그는 70년대의 인기 스타였고, 오늘도 그 시절의 추억을 지겹게 읊조리고 있는 세시봉의 가수들과 함께 청년 문화를 대표하는 아이콘이었다. 그러나 나는 그의 다른 작품들을 거의 읽지 않았다. 약자의 질투였다. 그는 대중의 사랑을 받는다는 이유 하나만으로 경원시되었던 셈이다. 그와 동갑내기로 역시 내가 많이 읽어 보지 않은 작가 중 한 사람인 윤후명(1946-)이 이렇게 고백한 대목을 읽고, 미안함을 느꼈던 것은 불과 얼마 전의 일이다. 그들 역시 상처 많은 영혼들이었다.

> 그해 5월뿐이 아니었다. 이승만 대통령의 시절은 너무 어렸으므로 몰랐다 치더라도, 나는 세 명의 장군 출신 대통령을 겪으며 군사독재를 30년 넘게 사는 동안 찍소리 한마디 못 하고 코를 박고 산 셈이었다. 물러가라, 물러가라, 물러가라, 하는 절규는 언제나 입속에서만 맴돌았다. 비굴한 녀석!
>
> 윤후명, 「협궤열차 외」, 『한국소설문학대계 78』(동아출판사, 1995), p.56.

철이 든 것일까. 얼굴 한번 마주친 적도 없으면서 내게 미움을 받았던 사람들에게 용서를 구하고 싶다. 모두가 내 열등감의 소산이었다. 하긴 내 잘못으로 인한 가난이 아니었는데 왜 주눅 들고 살아야 하며, 세상을 향한 적개심을 완장처럼 차고 다닌단 말인가. 어리석어라. 증오심은 피에 굶주린 흡혈귀처럼 자신마저 잡아먹는다. 증오로 가득 찬 좁은 세계는 자기 자신이 만든 감옥이다. 모두 늙고 죽는다. 영원한 것은 없지 않은가.

하늘이 시퍼렇다. 모과나무에 매달아 놓은 풍경이 자지러지게 울어 댄다. 때를 맞추어 떨어지지 못한 나뭇잎이 안간힘을 쓰며 매달려 있다. 미련이다. 가거라. 낙엽아, 마음의 어둠아! 스탠드를 켠다. 불빛이 따스하다. 상대방의 능력을 너그럽게 인정할 줄 아는 마음……. 그것은 등 따습고 배부른 자의 여유만은 아니다. 최인호와 윤후명의 작품을 읽으며, 내 설익은 교만과 허망한 질투를 반성한다. 후회하지 않고 싶다면, 끊임없이 반성하고 실천해야 하리라. 그리고 과거의 초라한 기억들과도 결별해야 하리라. 헤어짐으로 완성되는 사랑, 죽음으로 완성되는 삶과 예술……. 그래서 나는 오늘을 더 치열하게 살아야 한다. 대문을 여는 소리가 들린다. 아이가 돌아왔나 보다. 아무래도 첫눈이라도 내릴 것 같다.

2012.11.28

비겁의 진실

가슴이 답답함인가 욱은 야윈 바른편 팔을 자꾸 내저었다. 서른 여섯 해 동안 그의 말을 잘도 들어주던 그 팔, 그의 괴로움과 즐거움과 슬픔과 고독과 모든 내부적인 비밀에 정통해서 때로는 하소연의 글을, 때로는 아름다운 서정敍情의 글을, 한자 한자 누에가 실을 토하듯 원고지 위에 써주던 그 팔. 헛되이 자꾸 내어젓는 욱의 그 야윈 팔을 한참 들여다보다가 철은 문득 눈물이 핑 돌았다. 하루만 일찍 왔어도 다만 말 한마디라도 주고받고 할 수 있었을 것인데 하는 뉘우침이 아프게 그의 가슴을 에어 냈다.

유진오 · 이효석, 「김강사와 T교수/모밀꽃 필 무렵 외外」,
『한국소설문학대계 16』(동아출판사, 1995), p.279.

현민玄民 유진오(1906-1987)가 가산可山 이효석(1907-1942)에게 바친 레퀴엠과도 같은 작품 「신경新京」의 한 대목이다. 36년의 짧은 세월을 살다 간 친구를 향한 안타까움과 당시 지식인들의 착잡한 심경이 잘 나타나고 있다. 일본인들에게 조선인들이란 결국

선계鮮系 식민지 백성에 불과하다. “조선 사람은 책임감이 없고, 윗사람에게는 아첨을 하고 아랫사람에게는 건방지게 군다.” 이렇게 통박하는 어느 일본인 중역의 말이 본심임을 그들이 몰랐을 리 없다. 그런 치욕을 갚기 위해 살아남아야 한다면, 그것은 비겁이기 전에 진실이라고 할 수 있다.

2012.12.04.

노시인의 충고

오늘은 모파상(Guy de Maupassant, 1850-1893)의 「벨 아미」를 보다가, 문득 뒤루아 아니 벨 아미(Bel-Ami)—미모의 친구라는 뜻—처럼 살았으면 어찌 되었을까 하고 상상하고는 혼자 웃었다. 그럴 수도 없고, 그럴 만한 능력의 소유자도 아니지만, 동서고금에 상관없이 남녀는 유별하고 정분은 나기 마련이니 말이다. 늙은 시인 바렌느는 그에게 이렇게 충고한다.

"난 지금 죽음이 바짝 옆에 있는 것이 보이기 때문에 몇 번이나 팔을 펴고 밀어 팽개치고 싶은 생각도 들었습니다. (……) 난 도처에서 죽음의 모습을 보고 있소이다. 길에서 짓이겨진 작은 동물이나 시들어 떨어진 나뭇잎이나, 친구의 수염 속에 눈에 뜨인 흰 터러은 나의 가슴을 찢어발기고 '바로 거기에 죽음이 있다!' 하고 나에게 외칩니다."

모파상, 박광선 옮김, 『여자의 일생/벨 아미』(정음사, 1963), p.303.

젊음은 오만하다. 뒤루아는 죽음만이 확실한 거라는 노시인의 말을 믿지 않는다. 가진 것도 없는 나 역시 이런 교만과 만용에서 예외는 아니었다.

2012.12.11

재능의 다른 이름

재능은 긴 인내다 — 우리가 표현하고자 하는 것은 그것이 무엇이고 간에 오랫동안 주의깊이 고려하여 그 가운데서 일찍이 아무도 보지 못한 점, 아무도 표현하지 못한 점을 발견하지 않으면 안 된다. 어떠한 것에든지 아직도 탐험하지 않은 면이 있는 법이다. 왜냐하면 우리는 우리가 보고 있는 물건에 대하여 우리 앞의 사람들이 생각한 것을 돌이켜보지 않고는 우리의 눈을 쓰지 않도록 익혔기 때문이다. 극히 조그만 물건에도 무엇이든 아직 알려지지 않은 데가 있는 법이다. 그것을 찾아내도록 하자. 훨훨 타는 불이나, 벌판의 나무 하나를 묘사하기 위해서도 우리는 그 불이나 그 나무에 얼굴을 마주대고 서서 마침내 그 불과 그 나무가 딴 어떤 불이나 나무와도 전연 같지 않음을 깨달을 때까지 있어야 한다. 이렇게 하는 것이 독창적이 되는 길이다.

모파상, 양원달 옮김, 『여자의 일생/피에르와 쟝』(을유문화사, 1976), p.236.

『피에르와 쟝』의 서문으로 수록되어 있는 소설론 「소설」의 일부다. 모파상은 플로베르(Gustave Flaubert, 1821–1880)의 엄격한 지도를 받는 행운을 누렸다. 그의 모친이 플로베르 친구의 여동생이었다고 한다. 모파상 역시 게으르지 않았다. 재능이란 긴 인내 이외의 아무 것도 아니라는 뷔퐁(Georges-Louis Leclerc de Buffon, 1707–1788)의 말을 명심하고, 7년 동안 묵묵히 시를 쓰고 단편을 썼다. 하지만 플로베르는 이에 만족하지 말 것을 요구하면서 이렇게 충고했다. "이 세상 어디에도 전혀 똑같은 두 알의 모래도 없고, 두 마리의 파리도 없고, 두 손도, 두 코도 있을 수 없다는 진리를 세우고 나서 어떤 인물이나 어떤 사물을 몇 줄의 문장으로 묘사해 보라. 그리하여 같은 종족 혹은 같은 종류의 딴 모든 인물이나 사물에서 구별이 되도록 그 특징을 정확히 그려 보라." 부럽고 부끄럽기만 하다.

2012.12.18

2013년

독서의 힘 • 가정처방 • 국어대사전과 외할머니 • 예민했던 일본 여행 • 자발적 유배 • 햇빛 쏟아지는 벌판 • 하고 싶은 일 • 병의 신비화 • 해석의 충동과 해방 • 내 안의 프랑켄슈타인 • 의미하지 않을 자유 • 책 안의 책과 책 밖의 책 • 문학사의 숨은 꽃 • 추억의 독서열차 • 죽음을 거부하는 죽음 • 마음껏 해 보라 • 잘 넘겨지지 않는 책 • 내 안의 삼대 • 의식적인 노력 • 가난한 사람들 • 지하 서재에서 • 우물 안 개구리 • 마음의 문신 • 모방과 발명 • 과거와 현재의 사람 • 자기완성의 길

독서의 힘

사람이 세상을 살아가는 것은 마치 여행을 하는 것과 같다. 도중에 험난한 길이 있으면 평탄한 길도 있으며 또한 맑은 날이 있으면 비오는 날도 있다. 필경 어느 쪽이든 피할 수가 없다. 오로지 때에 따라 곳에 따라 빠름과 느림을 조절하며 서두르기도 하고 여유를 부리기도 하면 된다. 지나치게 서두르다 화를 부르지 말고 또 우물쭈물 꾸물거리다 예정된 때를 놓치지 말라. 이것은 여행의 방법이지만 곧바로 살아가는 방법이기도 하다.

사토 잇사이, 노만수 옮김, 『언지록言志錄』(알렙, 2012), p.245.

막부 말기의 유학자 사토 잇사이(佐藤一齊, 1772-1859)의 말처럼 책을 따라 여행하다 보면 해결되지 않던 의문이 풀리고, 투명하게 차가운 감각의 개울가에 앉아 발을 적시며 주변을 둘러보는 자신을 발견하게 된다. 또 어느 순간에는 맡지 못했던 향기도 듣고(聞香), 소리도 본다(觀音). 독서는 오감과 영혼의 각성제다.

사람은 한 번은 육체적으로 죽고, 또 한 번은 타인의 기억 속에서 사라짐으로써 정신적으로 죽는다. 그러나 독서는 죽은 자(The dead)를 불러내어 그들을 영원히 죽지 않는 자(The living dead)로 만든다. 독서는 생과 사의 경계를 자유롭게 넘나드는 신비 체험인지 모른다. 사토 잇사이 역시 이렇게 말했다. ―"나는 독서를 할 때에 옛 성인과 현인, 호걸들의 몸도 영혼도 모두 죽어 버린 것을 생각하면 자연히 머리가 수그러지고 슬픈 기분이 든다. 하지만 다시 생각하면 그들의 정신은 오히려 여전히 존재하고 있기 때문에 나는 눈을 크게 뜨고 발분하여 다시 일어난다."

공간도 시시각각 시간과 마찬가지로, 어쩌면 시간을 훨씬 능가하는 내적인 변화를 일으킨다. 공간도 시간과 마찬가지로 망각을 낳는다. 공간은 인간을 여러 관계로부터 해방시키며, 인간을 원래 그대로의 자유로운 상태로 옮겨놓는 힘을 지니고 있다. 그렇다. 공간은 고루한 사람이나 속물조차도 순식간에 방랑자로 만들어버리는 것이다. 시간은 망각의 강이라고 하지만, 여행 중의 공기도 그러한 음료수인 셈이다. 그런데 그 효력은 시간만큼 철저하지는 못한 반면에 더 신속하게 나타난다.

토마스 만, 홍성광 옮김, 『마의 산』 상(을유문화사, 2012), p.15.

독서는 아름다운 변화와 행복한 변신을 선사하는 영혼의 여행

2010.6.7

(Journey to the Soul)이다. 토마스 만(Thomas Mann, 1875–1955)이 말하듯, 우리는 시간과 공간을 통과하면서 변화한다. '감동변화'를 감感과 동動과 변變과 화化로 나누어 천천히 읽어 보자. 느끼니까 움직이고, 움직이니 바뀌며, 바뀌니까 이루어진다. 환한 기쁨이 황금의 꽃처럼 피어오르는 것을 느낄 수 있지 않는가.

우리는 책을 읽으면서 감정이입과 추체험을 한다. 그리고 이를 바탕으로 추창조追創造(nachschöpfen)의 환희를 경험한다. 책이라는 새로운 시간과 공간으로 여행을 떠나는 것처럼 즐겁고 신나는 일은 많지 않다. 독서는 축복이다.

2013.01.10.

가정처방

그녀는 천천히 벽 쪽으로 가서, 떨리는 손길로 권총을 내려 먼지를 닦고는 머뭇머뭇거렸습니다. 알베르트가 의아한 눈길로 그녀를 재촉하지 않았다면 아마 계속 망설였을 것입니다. 그녀는 한마디도 하지 않고 아이에게 그 불길한 도구를 건네주었습니다. 그리고 아이가 나가자 일거리를 주섬주섬 챙긴 뒤, 말할 수 없이 불안한 심정으로 자신의 방으로 갔습니다. 그녀의 마음은 끔찍한 일이 생길 것 같은 예감으로 가득 찼습니다.

요한 볼프강 폰 괴테, 정현규 옮김, 『젊은 베르터의 고통』(을유문화사, 2010), pp.196-197.

이 작품은 괴테(J.W. von Goethe, 1749-1832)의 뼈아픈 체험에서 나왔다. 물론 자살로 끝나는 비극적 결말은 그 자신의 이야기는 아니다. 1772년 봄 괴테는 베츨러의 고등법원에서 견습 생활을 하게 되었는데, 이때 법관인 부프의 집에 자주 드나들었다. 그는 곧 부프의 둘째딸인 샤를로테를 사랑하게 되었다. 그러나 그녀는 이미 외교관인 케스트너와 약혼한 사이였다. 괴테는 걷잡을 수 없는 정념에 사로잡혀 괴로워했고, 결국 두 사람에게 편지를 남기고 베츨러를 떠났다. 이 작품은 이때의 체험과 자신의 친구 예루살렘의 자살을 엮어서 이루어졌다. 괴테가 라이프치히 대학 시절부터 알고 지낸 예루살렘 역시 친구의 부인을 사랑하다가 자살했던 것이다.

너무 유명해서 이미 읽은 것 같은 착각마저 주는 이 작품을 새로운 번역본으로 읽어 보며 예전과 다른 느낌에 젖는다. 가령 로테는 사건이 일어날 걸 예감하면서도 남편의 권총을 베르터에게 건넸으니, 일종의 자살 방조를 한 것이 아니냐는 의문이 든다. 어렸을 때는 눈에 들어오지 않던 인물들의 행동을 다른 각도에서 살펴보게 되는 것은 역시 세월 때문일까. 그런데도 베르터는 감격에 몸을 떨며 말한다. "로테, 당신이 내게 그 도구를 건네주는군요. 당신의 손에서 죽음을 받아 들기를 원했는데, 그런데 아! 이제 이렇게 받아 들게 되는군요."

베르터의 자살 소식을 들은 로테는 정신을 잃고 쓰러지고, 그녀의 생명이 염려된 알베르트는 하관식에도 참여하지 않는다. 비정한 결말이다. 책을 덮고 생각해 본다. 괴테는 왜 이 작품을 썼을까. 그는 지난날의 맹목적인 격정의 실체를 분석하고, 자신을 객관화하기 위해 이 작품을 쓴 것은 아닐까.

괴테는 자신의 삶을 텍스트로 삼아 언뜻 보기에 무질서하고 우연적인 사건들에 내적 개연성을 부여함으로써 이를 예술적인 차원으로까지 끌어올리고, 이런 과정을 통해 이루어지는 치유를 '가정처방'이라고 불렀다. 내가 오늘도 어두운 심연에 가라앉아 있던 무의식의 난파선을 인양하여 햇살에 드러내 놓고 가능한 한 객관적으로 바라보려고 노력하는 이유 역시 여기에 있다.

2013.01.16

국어대사전과 외할머니

> 그는 연장 망태만한 구럭 속에 결흑통結黑桶을 비롯, 까뀌·가실끌·깔종·후리대패·굽자, 갖은 톱 등속을 담아 들고 게으름 없이 드나들었다. 손속도 걸싼 편이라던 것이 남들이 이르던 말이다.
>
> 이문구, 「장곡리 고욤나무 외外」, 『한국소설문학대계 55』(동아출판사, 1995), p.70.

이문구(1941–2003)의 「관촌수필冠村隨筆」에 나오는 토속어들이 약밥에 박혀 있는 잣처럼 고소하다. 정확한 뜻을 알고 싶어 목침만큼이나 두꺼운 일석一石 이희승(1896–1989)의 『국어대사전』을 찾아본다. '손속'은 노름할 때에 힘들이지 아니하여도 손 가는 대로 잘 맞아 나오는 운수이고, '걸싸다'는 일이나 동작이 매우 날쌔다는 뜻이다. '깔종'이란 미리 정한 무게의 금속 세공품을 만들 때 그 재료의 무게에서 얼마나 까야 될 것임을 미리 셈 잡는 종작을 말한다.

아내가 시집올 때 가져온 사전의 판권장에 '1981년 1월 5일 30판 발행'이라고 적혀 있다. 그해 어느 봄날이 아니었을까. 얼굴이 새카만 월부 책장수 아저씨가 누런 이빨을 드러내고 활짝 웃으며, 교무실 문을 조심조심 열고 들어온다. 그리고 이 사전을 갓 부임한 아내의 책상 위에 올려놓고는 국어선생님이라면 모름지기 이 정도는 장만하고 계셔야 한다며, 한껏 낮춘 목소리지만 열심히 침을 튀겨 가며 권한다.

아, 그런데 나는 무엇 하다가 오늘에야 이 사전을 펼쳐 가며 낱말의 뜻을 찾아보고 있는 것인가. 그날 숨을 살짝 한번 몰아쉰 다음, 누르스름한 1년짜리 할부 장부에 복도장을 찍었던, 젊고 귀여운 국어선생님이 어느새 중년 여인의 곱상함마저 세월에 넘겨주고 외할머니가 되기를 기다리고 있는데…….

2013.01.21.

예민했던 일본 여행

제1일(2013.01.28.월) 동국대학교 대외교류연구원 초빙교수들과 함께 후쿠오카(福岡)에 도착했다. 동아시아 근대외교문서팀의 책임자가 된 지도 벌써 2년……. 평소 낯을 가리는 성격이지만, 연구원들의 전공이 사학이고 화제도 다양해서 잘 어울려 지낸다. 역사 공부도 할 수 있고 편협한 대인관계도 고칠 수 있는 좋은 기회라고 생각한다. 지하철을 타고 숙소에 도착해 짐을 풀고, 지하 식당가에서 생맥주를 곁들인 점심 식사를 마친 다음, 다자이후(大宰府)로 이동한다.

다자이후 텐만구(天滿宮)는 헤이안(平安) 시대의 정치가이자 한학자로 정치적 좌절을 겪었지만, 사후 학문의 신으로 신격화된 스가와라 미치자네(管原道眞, 845-903)를 받드는 총본산이다. 가까워서 그런지 우리나라 관광객들도 많다. 아내에게 주려고 도자기로 만든 부엉이를 한 쌍 사고, 다자이후의 배후산성인 오노조(大野城)로 향한다.

서기 663년 백강전투에서 패배한 일본은 신라와 당 연합군이 일본열도까지 침공할 것으로 예상하고, 한반도와 가장 가까운 이곳 규슈(九州)에 산성을 설치했다. 신라와 당 연합군의 침공을 저지하는 전시사령부와 같은 곳인 셈이다. 일본 최초의 야마토(大和) 정권의 주체인 도래인(渡來人)들의 혼이 이곳에 담겨 있다고 하는 것은 이 때문이다. 고국과 망명정부! 한국과 일본 사이의 해묵은 애증관계는 이런 관점의 차이에서 비롯되었는지 모른다. 숙소로 돌아와 근처의 이자카야(居酒屋)에서 일종의 음료 뷔페라고 할 수 있는 노미호다이(飮み放題)를 즐기고 1박을 마무리한다.

제2일(2013.01.29.화) 렌트카를 타고 가라쓰(唐津), 히젠(肥前), 나고야(名護屋) 성터, 이마리(伊万里), 나가사키(長崎)로 이루어지는 일정을 시작한다. 430년 전 일본 국내를 평정한 도요토미 히데요시(豊臣秀吉, 1537–1598)가 한반도와 명나라로 출병하기 위한 군사거점으로 삼은 나고야 성터에 도착한다. 망루에 서 본다. 수평선을 바라보며 대륙 정복의 꿈에 부풀어 흐뭇한 미소를 짓는 도요토미 히데요시가 옆에 서 있는 듯하다. 1591년 10월 축성의 달인으로 불렸던 가토 기요마사(加藤淸正, 1562–1611)의 지휘로 본성은 약 5개월 만에 완성되었다. 이를 위해 30만 7천명이 동원되었고, 조선으로 출병(1592년 음력 4월 1일)한 병력이 15만 8천여 명이었다. 그들이 그렇게 빨리 평양까지 진격할 수 있었던 이유를 알 수 있을 듯하다.

차를 몰고 몇 시간을 달려 이삼평(李參平, ?–1655)을 모신 도조신사(陶祖神寺)에 도착한다. 지나는 마을마다 인적이 드물더니 여기도 예외는 아니다. 마당에 굴러다니는 도자기 파편을 보며 임진왜란 때 포로로 끌려왔던 도공들의 비애를 느낀다. 오늘날 일본에서 '도자기의 신'으로 떠받드는 이삼평 역시 그때 끌려온 도공이었다. 다시 나가사키 항으로 이동하여 정박한 군함을 보며 근대화의 파도에 휩쓸려 들어가던 일본의 과거를 돌아본다.

제3일(2013.01.30.수) 일본에서 가장 오래된 서양식 목조 건물(1863)인 글로버 정원(구라바엔)에 올라 나사사키의 근대화 과정을 더듬어 본다. 이곳은 푸치니(G. Puccini, 1858-1924)의 오페라 「나비부인(Madama Butterfly)」의 무대이기도 하다. 이어 제2차 세계대전을 일으킨 '가해자'가 아니라 '피해자'인 양 엄숙하게 단장하고 방문객을 맞이하는 나가사키 평화공원을 둘러보고, 시마바라(島原) 선착장으로 달려간다. 페리호는 아담하다. 담배를 끊지 않았더라면 몇 번이고 갑판에 나가 깨끗한 공기를 더럽혔으리라.

구마모토(熊本)에 도착하여 자루소바(笊蕎麦)—네모진 어레미나 대발에 담은 메밀국수—를 먹고, 스이젠지(水前寺)의 조주엔(成就園)으로 이동한다. 가고시마(鹿兒島)에 도착하니 어느덧 8시 19분. 숙소에 짐을 풀고 이자카야에서 토속주(地酒) 구보타센슈(久保田千壽)를 마신다. 아직 낯이 익지 않은 일행도 여러 명 있고, 동문끼리 우정을 나눌 시간도 필요할 것 같아 학과조교 김종일 군을 데리고 나와 포장마차 골목에 들어간다.

한국에서 왔다고 하자 건너편 좌석에서 술을 마시던 일본인들이 사이고 다카모리(西鄕隆盛, 1828-1877)에 대해 어떻게 생각하느냐고 묻는다. 정한론자임을 알고 있느냐는 수작이다. 우승열패론이 대세였던 제국주의 시대였으니, 우리들도 국력이 강했으면 너희들을 침략했을 거라며 웃었더니, "스고이!" 하면서 엄지를 쳐든다. 순간, 일본이 아직 선진국이 못 되는 이유를 깨닫는다. 이런 유치한 승심勝心도 일종의 열등감이 아니던가.

찜찜한 마음에 한잔 더하러 숙소 옆에 붙어 있는 다카야나기(高柳)라는 이자카야에 들어간다. 그런데 이곳은 아까와는 분위기가 다르다. 종업원들도 친절하고 다정해서 함께 사진도 찍고, 방문 기념으로 좋은 문구를 적어달라고 하기에 붓펜으로 몇 글자 적어 주었더니 앞치마를 선사한다. 나 역시 예민했나 보다. 해방 후, 조소문화협회朝蘇文化協會 사절단으로 소련을 방문했던 상허尙虛 이태준이 도로공사 작업에 동원되어 노역하는 일본군 포로들을 보고, 이렇게 외쳤던 심정과도 같았다고 할까.

> 착각 같은 심경이 아닌가? 한때 서슬 푸르던 자칭 일출국日出國 천손신병天孫神兵들의 하마 감추지 못하는 새 세기의 풍모였다.
>
> 애국심에 등한한 것도 탈이거니와 지나치게 극성을 부려 신역神域이니, 신손神孫이니까지, 남은 어찌 되었든 제 몸만 추키던 것은 결과에 있어 망신亡身, 망국심亡國心이었던 것이다. 나는 빈 방을 어징서리며 요만치라도 지리적으로 떨어져 전망감展望感에서일까

지금 너무 여러 가지 애국심 때문에 볶개고 있는 조선朝鮮을 바라보고 싶었다.

이태준, 『소련기행 · 농토 · 먼지』(깊은샘, 2001), p.30.

입맛이 쓰다. 민감도 예민도 일종의 열등감이다. 우리도 이제는 가와바타 야스나리(川端康成, 1899-1972)처럼 짐짓 자신을 망국의 백성이라면서 감상을 과장해도 될 만한 입장에 있지 않던가. 좀 더 담담해져야겠다. 사람은 타인에게 지는 것이 아니라 자신에게 지는 것이다.

여행을 하면 여관에 도착하자마자 먼저 그 고장의 구석구석까지 돌아다니는 것은 지금도 변함없다. 그러나 긴자銀座보다는 아사꾸사浅草가, 저택가보다도 빈민굴이, 여학교의 퇴교시보다도 담배공장의 여직공의 무리가 나에게는 서정적이다. 더러운 아름다움에 끌린다. (……) 나는 거리의 분위기며 풍경의 인상으로부터 제작의 자극을 얻는 일이 많지만 2, 3년 전부터 쓰고 싶은 거리는 요시와라吉原의 외곽과 아사꾸사의 깊숙한 여인숙 거리와 하쯔네쬬오初音町 야시장 거리 등이다. 먼 바다의 섬들이다. 가고 싶은 곳도 유럽이나 미국이 아니라 동방의 망국亡國이다. 나는 틀림없이 망국의 백성이다.

가와바타 야스나리, 김세환 옮김, 「문학적 자서전」,
『천단강성전집川端康成全集 4』(신구문화사, 1969), pp.365-366.

제4일(2013.01.31.목) 후쿠오카로 돌아가기 전에 사이고 다카모리 출생지를 찾아보기로 한다. 등하불명燈下不明이라더니 고쓰키가와(甲突川) 옆에 유신고향관이 있다. 아직 개관하지 않아 동네를 돌아본다. 메이지유신은 군국일본의 출발점으로 문명개화와 부국강병을 겨냥한 근대 일본의 국가 만들기(nation building)라고 할 수 있다. 그런데 조용한 혁명으로 평가되기도 하는 메이지유신의 주체 세력이 바로 지금 우리가 걷고 있는 이곳을 영지로 삼은 사쓰마번(薩摩藩)과 이웃의 조슈번(長州藩) 즉 야마구치현(山口県)의 사무라이들이었다. 이들 가운데 이곳 출신인 사이고 다카모리와 오쿠보 도시미치(大久保利通, 1830-1878), 조슈번의 기도 다카요시(木戶孝允, 1833-1877)는 유신삼걸維新三傑로 손꼽힌다.

번주藩主나 상급 무사가 아니라 중앙에서 가장 떨어진 사쓰마번과 조슈번의 하급 무사들이 혁명을 추동했다는 사실이 주목된다. 메이지유신을 사무라이의, 사무라이에 의한, 일본을 위한 혁명이라고 부르는 이유는 여기에서 비롯된다. 그 주역들이 나고 자랐던 가지야마치(加治屋町)를 뒤로하고 떠난다. 차창 뒤로 사이고 다카모리의 동상이 멀어진다. "가고시마 있는 것은 알고 일본 세국 있는 것은 몰랐고, 사쓰마 무사 있는 것은 알고 해륙의 관군 있는 것은 잊었다." 일본 최후의 내전인 세이난센소(西南戰爭, 1877)에서 패퇴해서 할복한 그의 말이다.

가고시마 남단에 위치한 치란(知覽)의 치란특공평화회관 즉 가

미카제(神風) 특공대 양성소는 스산한 귀기로 가득하다. 산세도 험하고 인적도 드문 그곳에서 마주친 1,036명의 젊은이들의 깊고 허망한 눈빛 때문에 그렇게 느꼈는지 모른다. 하나같이 웃는 표정으로 사진을 찍고 있었지만, 넋이 나간 듯 어딘가를 멀리 바라보고 있다. 수많은 가미카제 특공대원들의 눈동자에는 시대의 광풍에 휘말려 벚꽃처럼 떨어지는 젊은이들의 하얀 공포와 광기의 체념이 담겨 있다. 자신의 의지로는 세상과 대결할 수 없음을 깨닫고, 떠밀려서 죽을 바엔 차라리 산화散華하겠다고 외쳤던 그들의 처연한 눈빛 위로, 머리를 박박 깎고 사진을 찍었던 젊은 날의 아버지 당신의 망연한 눈빛이 겹쳐진다.

그래서일까. 경남 사천 출신의 특공대원 탁경현—일본명 미쓰야마 후미히로(光山文博)—이 출격 직전에 육군특별지정식당의 여주인 도리하마 도메(鳥濱とめ)와 함께 찍은 사진을 보며 소름이 돋는 걸 느낀다. 일본영화 「호타루」—반딧불이라는 뜻—에서는 그녀를 자비의 화신처럼 묘사했지만, 내 눈에는 젊은이들을 죽음으로 몰아넣는 늙은 요부처럼 보이기만 한다. 순간, 미당 선생의 민망해하던 얼굴이 떠오른다. 겨레의 말을 가장 잘 구사한 시인이요, 겨레의 고운 마음을 잘 표현한 시인이란 찬사를 받으면서도 「마쓰이(松井) 오장伍長 송가頌歌」를 비롯한 몇 편의 일문 시를 썼기 때문에 친일 시인이라는 오명에서 자유로울 수 없는 당신……. 당신은 왜 그런 시를 썼을까. 그리고 일본과 조선의 청년

들은 왜 특공대원을 자원했던 것일까.

미국이나 영국에 대한 적대 감정이라는 것은 또 어떻게 해서 일어났나 하면, 확실하다는 일본 측 보도로 영·미국인들은 일본병의 포로들을 불도저 밑에 무더기로 넣고 깔아뭉갠다는 둥, 그 시체의 뼈로 페이퍼 나이프를 깎아 만들어 그걸로 종이를 썰고 있다는 둥, 간단히 말해서 그런 것들 때문이었다.

그 페이퍼 나이프에는 우리나라 병정의 뼈로 된 것도 더러 있겠다는 생각—그런 생각은 내 적대 감정을 일으키기에는 충분한 것이었다. 그러나, 정치와 전쟁세계에 대한 내 무지와 부족한 인식이 빚어낸 이것, 해방되어 돌이켜보니 참 너무나 미안하게 되었다. 여기에 깊이 사과해 둔다.

나는 위에 말한 두 개의 일문시와 한 편의 일문 종군기 외에 또 한 편의 친일적인 우리말 시를 『매일신보』에 썼다. 그것은 우리나라에서 뽑혀 간 학병들의 모습이 더러운 개죽음이 아니라 의젓하다고 한 것이다. 이것도 그때 내 생각으론 이밖엔 달리 말할 길이 없어 그렇게 한 것이지만, 그것도 틀린 것이었던 건 물론이다.

서정주, 「창피한 이야기들」, 『서정주문학전집 3』 (일지사, 1972), p.243.

미당은 이렇게 젊은 시절의 경솔한 역사인식을 반성하면서 "비록 싫은 농안이었지만 불가피한 대세며 살길이라 하여 내 나름대로 추구했던 모든 일들이 마치 교실에 붙잡혀 와 벌을 서는 아이같이 한없이 뉘우쳐졌다."라고 고백했다. 그리고 일본의 역사학자 이로카와 다이키치(色川大吉, 1925-) 역시 시대의 광풍 앞에서 속수무책일 수밖에 없었다고 고개를 숙인 바 있다.

> 이 연구의 초기 단계에서, 메이지시대 연구로 저명한 역사학자이자 그 자신도 학도병 출신의 특공대원의 한 사람이었던 이로카와 다이키치色川大吉 씨에게 왜 이러한 최고의 지식인들이 특공대원에 지원하게 되었는지를 물을 기회가 있었다. 이에 대한 그의 대답은 "군국주의나 군사정부에 저항하는 것은 가능했을지 모르나 이상주의나 낭만주의에 대항할 방법은 없었다"는 것이었다. 즉, 젊은 지식인들은 국가가 조직한 노골적인 정치적 내셔널리즘에는 저항할 수 있었을지 모르지만, 거기에 서양의 고상한 지적 전통이 개제되어 저항할 방도가 전혀 없었다는 것이다. 그런 상태가 되어 국가의 교묘한 조작을 간파하는 것이 절대적으로 불가능해졌던 것이다.
>
> 오오누키 에미코, 이항철 옮김, 『사쿠라가 지다 젊음도 지다』(모멘토, 2004), p.491.

이들은 일본이 패망할 것을 알고 있었을까. 아니다. 그들은 지금 살고 있는 우리와 달리 전쟁이 어떻게 끝날지 모르고 있었다. 그들이 꿈꾸던 미래 또는 실제로 일어난 미래는 우리에게는 이미 오래 전에 과거가 되었지만, 그들에게는 미결 상태였다. 살아

남은, 아니 늦게 태어난 우리가 역사를 괄호 안에 넣고 단정할 수 없는 이유가 여기에 있다. 사후적 지식에 의한 과거 재단이란 양날의 검처럼 조심스럽다.

물론 역사적 평가는 준열해야 한다. 그러나 인간들의 해석과 행위를 이해하려면 먼저 그들이 무엇을 보았는지 살펴보아야 한다. 즉 어떤 해석 틀과 표상관계 안에서 그 상황을 인식했고, 그 인식한 것을 어떻게 해석했는지를 재구성해야 한다. 후견지명의 오류는 역사 해석에서 흔히 저지르기 쉬운 실수의 하나임을 명심할 필요가 있다. 돌아오는 내내 우울했다. 이런 광기의 시대에 태어났더라면, 과연 '백마 타고 오는 초인'(이육사)이나 '황금의 꽃'(한용운), 아니 '괴로왔던 사나이'(윤동주)처럼 살 수 있었을까 반문하지 않을 수 없었던 것이다.

> 틀림없는 정신병자는, 의심할 것도 없이, 다른 사람의 내부에서 정신착란의 징조를 보면서도, 그것을 자신의 내부에서 보지 않는 사람들이다.
>
> 톨스토이, 홍완 옮김, 「악마」, 『세계단편문학전집 5』(계몽사, 1966), p.178

호텔에 짐을 풀고 시라카와 유타카(白川豊, 1950-)를 만난 것은 오후 9시. 어느새 초로의 학자가 된 그와 아담한 이자카야에 들어가 사케 한 병을 시켜 놓고 이야기를 나눈다. 대학원에서 같이 공부한 후 일본에서 만난 것도 처음이니 감개가 없지 않다. 일본으로 오기 전 혹시 얼굴이나 볼 수 있을까 하고 이렇게 이메일을 보냈더니 잊지 않고 찾아온 것이다.

안녕하세요. 오래간만입니다. 그동안 너무 연락이 없어 궁금하던 차에 먼저 소식을 보내 주셔서 고맙습니다. 더구나 저의 분발을 요구하는 선생의 노작과 함께 온 소식이었기에 더욱 그랬습니다.

저는 덕분에 잘 지내고 있습니다. 굳이 그간의 소식을 전한다면 재작년에 결혼한 큰딸이 내년 봄에 아기를 낳게 되어 이제 할아버지가 된다는 것, 요즘은 그동안 읽지 못했던 세계문학전집을 읽으며 지난날의 교만과 나태를 반성하고 있다는 것 정도입니다. 아, 그리고 작년부터 동아시아 근대외교문서팀의 책임자가 되었습니다. 마침 다음 주에 가고시마로 자료 답사를 가게 되어 시라카와 선생을 만날 수도 있겠다고 생각하고 있습니다.

학교는 여전합니다. 다만 함께 공부했던 대학원 시절의 선배들이 어느새 하나 둘 정년을 했거나 앞두고 있으니 정말 세월은 빠른 듯합니다. 이제 공부할 만하니 나이가 들어 눈은 침침해지고……. 그런 점에서 황소걸음으로 천릿길이라는 속담을 떠올리게 하는 선생의 근면과 성실은 학자로서의 귀감이라고 하지 않을 수 없습니다. 오랜 시간 투자하신 노력이 이제 아름다운 꽃으로 만개하기 시작하는 걸 보니 더욱 그렇습니다. 저도 함께 공부하던 시절의 초심을 잃지 않도록 하겠습니다. 건강하세요. 지금부터 시작이라는 마음가짐으로 다시 의자를 바짝 잡아당겨 봅니다. 이만 줄입니다.

2013. 01. 21.

규슈산업대학 국제문화학부 교수로 있는 그가 보내 준 책은 횡보橫步 염상섭(1897-1963)의 『삼대』 번역본이었다. 500쪽이 넘는 양장본에 일본 유수의 출판사인 헤이본샤(平凡社)에서 출간한 길 보니, 한국문학 연구자로 묵묵히 외길을 걸었던 그간의 노력을 인정받은 것 같아 기뻤다. 그는 석박사 과정 동기이며, 일본어를 잠시 가르쳐 준 선생이고, 암울했던 강사 시절에 안양 집에까지 찾아와 격려를 아끼지 않았던 외우이기도 하다. 뿐인가. 그는 대학원 시절, 미당 선생의 시를 일본어로 번역하기도 했다. 그러나 내일 아침에 입시 감독을 해야 한다는 사람을 붙들어 오래 둘 수가 없어 10시쯤 헤어진다.

그를 배웅하고 후쿠오카의 밤을 좀 더 느껴 보자고 사거리로 걸어 나오는데, 역교과의 한철호(1959-) 교수와 대외교류연구원의 서민교(1962-) 교수가 달려온다. 형님 친구분 대접하려고 일부러 나왔는데 벌써 가셨느냐는 그들의 말에 고마움을 느껴 가볍게 한잔 더 하고, 일행 있는 곳으로 돌려보낸다. 종일이와 다시 포장마차에 들러 후쿠오카의 밤 정취를 느껴 본다. 편하게 지내지 못하고 이런저런 과거사를 떠올리게 되는 이번 여행은 술로 시작되

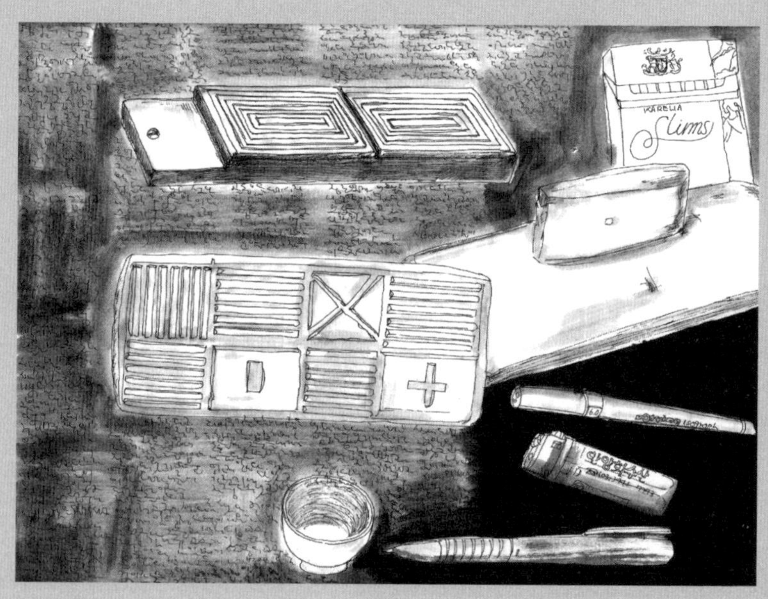
KARELIA
Slims

어 술로 끝나는 것 같다.

제5일(2013.02.01.금) 비 내리는 후쿠오카 뒷골목을 걸어 본다. 사람들이 모두 잘 짜인 세트장에서 사는 것 같다. 지하철 가격도 만만찮고 짐들도 많아 공항까지 택시를 타고 가기로 한다. 평소보다 훨씬 넓어 보이는 집에 도착한 것은 저녁 8시. 둘째 딸아이는 아직 퇴근 전이고, 아내는 그동안 먹고 싶었던 된장찌개를 끓이고 있다.

2013.01.31.

자발적 유배

나는 생각했다. "자유라는 게 뭔지 알겠지요?" 금화를 약탈하는데 정열을 쏟고 있다가 갑자기 그 정열에 손을 들고 애써 모은 금화를 공중으로 던져 버리다니…….

다른 정열, 보다 고상한 정열에 사로잡히기 위해 쏟아왔던 정열을 버리는 것. 그러나 그것 역시 일종의 노예근성이 아닐까? 이상이나 종족이나 하느님을 위해 자기를 희생시키는 것은? 따르는 전형이 고상하면 고상할수록 우리는 묶이는 노예의 사슬이 길어지는 것은 아닐까? 그리고 우리는 좀더 넓은 경기장에서 찧고 까불다가 그 사슬을 벗어나 보지도 못하고 죽는 것은 아닐까? 그렇다면, 우리가 자유라고 부르는 건 무엇일까?

니코스 카잔차키스, 이윤기 옮김, 『그리스인 조르바』(열린책들, 2000), p.43.

한때는 열광하며 사들였던 골동품을 시큰둥하게 쳐다보며 이제는 그만 사겠다고 다짐하곤 한다. 만일 조르바가 이런 나를 본다면, 이렇게 말하며 껄껄 웃지 않을까. "여보시우, 그건 더 좋은 것을 소유하기 위한 노예근성일 뿐이유!" 인간이 누리는 자유의 수준이란 욕망의 대상이 갖고 있는 형이상학적 덕성이 얼마나 크고 작으냐에 따라 달라진다. 모든 믿음과 환상에서 해방되어, 기대할 것도 두려울 것도 없는, 최후의 인간 조르바는 묻는다.

> "두목, 돌과 비와 꽃이 하는 말을 들을 수 있으면 얼마나 좋겠어요. 부르고 있는지도, 우리를 부르고 있는지도 모르는데 우리가 듣지 못하는 것일 거예요. 두목, 언제면 우리 귀가 뚫릴까요! 언제면 우리가 팔을 벌리고 만물(돌, 비, 꽃, 그리고 사람들)을 안을 수 있을까요? 두목, 어떻게 생각해요? 당신이 읽은 책에는 뭐라고 씌어져 있습디까?"
>
> p.163.

버질은 그의 질문에 "악마나 물어 가라고 합디다."라고 대답한다. 조르바가 다시 묻는다. "두목, 내 생각을 말씀드리겠는데, 부디 화는 내지 마시오. 당신 책을 한 무더기 쌓아 놓고 불이나 확 싸질러 버리쇼. 그러고 나면 누가 압니까. 당신이 바보를 면할지, 당신은 괜찮은 사람이니까……." 버질은 대답을 하지 못한다. 그리고 조르바와 헤어지는 날 이렇게 중얼거린다.

"그래요, 조르바, 당신 덕택이에요. 나도 당신 방법을 채용해 볼까 합니다. 당신은 버찌를 잔뜩 먹어 버찌를 정복했으니 나는

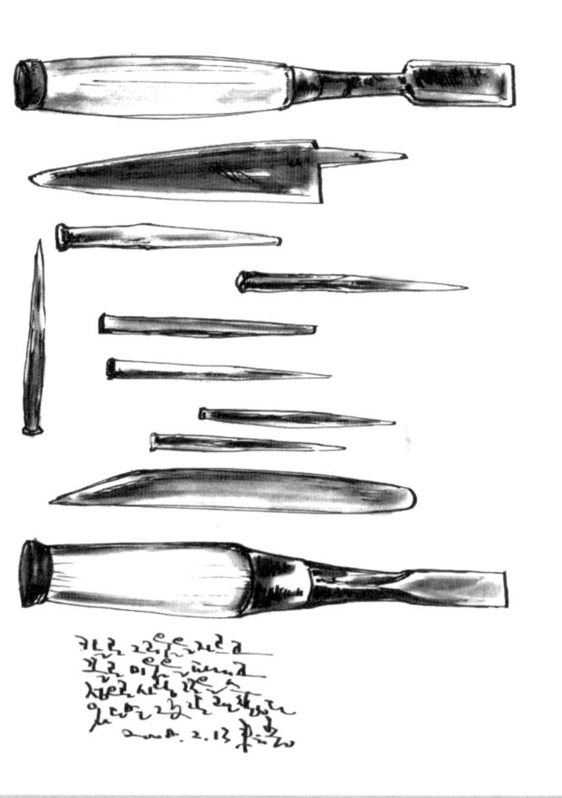

책으로 책을 정복할 참이에요. 종이를 잔뜩 먹으면 언젠가는 구역질이 날 테지요. 구역질이 나면 확 토해 버리고 영원히 손 끊는 거지요." 나도 그러고 싶다. 그래서 오늘도 자발적 유배를 자처하며 서재를 지키고 있는 것이다.

2013.02.11.

햇빛 쏟아지는 벌판

위대한 풍경의 아름다움은 인간의 힘으로 감당하기엔 너무나 벅찬 것이다. 그리스의 사원들이 매우 자그마한 것은 그것이 희망을 허락하지 않는 빛과 가없는 풍경으로 인하여 정신이 혼미해진 인간들을 위한 대피소로서 지어졌기 때문이다.

햇볕이 가득 내리쬐이는 풍경을 보고 사람들은 어찌하여 상쾌한 풍경이라 말하는가? 태양은 세상을 공백 상태로 만들어 놓아 생명 있는 존재는 저 자신의 모습과 —아무런 기댈 곳도 없이— 대면하게 된다. 그 밖의 다른 곳에서는 어디나 구름과 안개와 비가 하늘을 가리고, 일거리니 걱정거리니 하는 따위를 구실로 인간의 썩은 모습을 은폐해준다.

장 그르니에, 김화영 옮김, 『섬』(민음사, 2012), p.100.

뜨거운 여름날, 조무래기 친구들과 벌판에서 뛰놀다가 온몸이 돌멩이처럼 달궈지면 숲속의 개울에 들어가 미역을 감았다. 배고프면 뛰쳐나와 산딸기를 따 먹었다. 아, 햇빛 쏟아지는 벌판으로 다시 돌아가자. 감출 것은 무엇이며, 숨길 것은 무엇인가.

벌거벗은 우정을 나누었던 이일우(1956-2010)가 그립다. 의롭고 외로웠던 인권변호사…… 한 번은 가야 할 길인데, 무엇이 그리도 급해 훌쩍 떠났더란 말인가, 친구야. 너랑 거닐었던 동해 어느 포구의 방파제에는 오늘도 햇살이 은모래로 부서지고 있는데…….

2013.02.14.

하고 싶은 일

그런 다음 나는 좀머 아저씨가 아무 병에도 걸리지 않았고, 어떻게 해야만 한다는 강요도 받지 않고 있으며, 단지 밖에서 돌아다니는 것이 내가 나무를 기어오를 때 즐거움을 느끼듯이 좋아하는 일이기 때문에 그렇게 하는 것이라는 데에 생각이 미쳤다. 모두 자기 자신의 만족과 쾌락을 위해서 좀머 아저씨는 밖에서 걸어다니는 것뿐이고, 거기에 다른 설명은 필요치 않은 것 같았다.

파트리크 쥐스킨트, 유혜자 옮김, 『좀머 씨 이야기』(열린책들, 1997), p.44.

세상이 바뀌어도 변하지 않을 습관은 무엇일까. 독서하고, 일기 쓰고, 청소하기가 아닐까. 그 다음은 그림 그리기와 골동품 모으기일지 모른다. 그리고 마지막은 좋은 곳 돌아다니며 눈을 씻고, 맛있는 술과 음식 먹으며 즐거워하고, 좋은 친구들과 대화하며 마음의 때를 씻어 내는 여행이 아니겠는가.

다른 생활에 새로이 적응하는 것이 우리의 삶을 유지하고, 우리

의 시간 감각을 새롭게 하며, 우리의 시간 체험을 갱신하고 강화하며 더디게 하여 이로써 우리의 생활 감정을 새롭게 하는 유일한 방법임을 우리는 알고 있다. 장소와 공기를 바꾸고, 온천 여행을 하는 목적도 이 때문으로, 기분 전환과 부수적 사건을 통해 심신의 회복을 꾀하는 것이다.

토마스 만, 『마의 산』 상, 위의 책, p.203.

그러면 버릴 것은 무엇이고, 하고 싶은 것은 무엇인가. 과도한 기대와 허망한 환상 버리고 있는 그대로 보기, 좋아하는 일 하면서 천천히 즐겁게 살기……. 그렇다면 새로운 경험을 두려워하는 마음부터 버려야 한다. 더 이상 '익숙해져서' 속절없이 시간을 흘려보낼 수는 없는 것이다.

2013.02.16

병의 신비화

너무 몸을 혹사했다. 스스로 병을 만늘고 즐긴 감마저 있다. 때로는 병을 목표 달성의 증거처럼 보기도 했다. "사람들은 우둔한 사람은 건강하고 평범해야 한다고 생각하고, 병은 사람을 섬세하고 현명하며 특수하게 만든다고 생각한다."라고 했던 한스 카스토르프처럼 말이다. 그러나 세템브리니는 그의 말을 듣고 이렇게 반박한다.

> 병이 인간의 '정신화'를 초래할 수 있다는 말일랑 하지 마십시오. 제발이지 그런 말은 하지 마십시오! 육체가 없는 영혼은 영혼이 없는 육체와 마찬가지로 비인간적이고 끔찍합니다. 물론 전자가 드문 예외적인 경우이고, 후자가 보통이긴 하지만요. 대체로 사방팔방에 촉수를 뻗쳐서는 모든 중대한 일과 모든 생의 원천을 독점하여 그야말로 눈꼴사납게 독립을 꾀하는 것은 육체입니다. 환자로 살아가는 인간은 단지 육체에 지나지 않습니다. 이는 인간성에 반하는 것이며 모욕적인 것입니다. 대부분의 경우 그런 인간은 썩은 고기보

다 하등 나을 게 없습니다.

토마스 만, 『마의 산』 상, 위의 책, pp.194-195.

병을 신비화하는 사고방식은 시마자키 도손(島崎藤村, 1872-1943)의 『파계』에도 나온다. 이 작품은 백정 출신으로 사회의 부당한 차별과 싸우며 학문을 실생활에서 실현하기 위해 싸우는 이노코 렌타로와 그를 존경하면서도 같은 출신임이 밝혀질까 두려워하는 세가와 우시마쓰를 중심으로 전개된다. 다음은 하숙을 찾아온 동료들이 이노코에 대해 나누는 대화의 일부다.

"그러한 하등 인종에서 나온 사람이 어쨌든 간에 사상계에 머리를 내밀다니, 아무래도 저는 이유를 모르겠군요."

"그러나 그 선생은 폐병이라고 하니까 어쩌면 병 때문에 거기까지 이른 것인지도 모르지요."

"어, 폐병인가요?"

"진짜 병자는 진실하니까요. '죽음'이라는 것을 언제나 눈앞에 놓고 생각하니까. 그 선생이 쓴 글을 보아도 왠지 사람들에게 다가오는 것이 있어요. 그것이 폐병 환자의 특색이지요. 그 병 덕택에 훌륭해진 사람도 얼마든지 있어요."

"하하. 쓰치야 군의 관찰은 어디까지나 생리적이군요."

"아니, 그렇게 웃을 일이 아니죠. 봐요, 병은 일종의 철학자라고

요."

"그렇게 보면, 백정이 그런 것을 쓰는 것이 아니라 병이 쓰는 것이다, 이런 말이 되는군요."

시마자키 도손, 노영희 옮김, 『파계』(문학동네, 2010), pp.53-54.

병을 둘러싼 주술적 사고나 은유적 사고는 민족성 이론과 함께 제국주의 시대에 극성을 부렸다. 하긴 요절하는 천새란 시금도 많이 통용되는 표현의 하나다. 각혈하는 젊은 예술가의 창백한 얼굴, 창가에 앉아 푸른 바다를 바라보며 두 손으로 얼굴을 감싸고 흐느끼는 긴 머리 소녀……. 병은 문학에 의해 신화가 되고, 결핵을 앓는 사람의 얼굴은 귀족적 용모의 모델이 된다. 결핵으로 죽는다는 것은 신비스럽고 무엇인가 교훈을 주는 일처럼 오해된 적도 있다. 복장과 병이 자아에 대한 새로운 비유로 등장했던 셈이다. 아버지의 초라한 죽음에 이미지로서의 귀족성을 부여했던 것 역시 이런 사고방식에서 비롯되었음을 부인하기 어렵다.

내가 묘사해 보고 싶은 건, 질병의 왕국으로 이주해 그곳에서 살아간다는 것이 과연 어떤 일일까 하는 게 아니다. 오히려 나는 이 왕국의 지형地形을 둘러싸고 날조되는 가혹하면서도 감상적인 환상을 묘사해 보고 싶다. 실제의 지리적 위치가 아니라, 이 왕국의 성격을 드러내 주는 그 상투성을. 내가 말하고자 하는 건 질병이 은

2008. 5. 9

유가 아니라는 점, 그리고 가장 진실한 방법으로 질병을 다루려면 —그리고 가장 건전한 방식으로 질병을 겪어내야 한다면— 질병을 은유적으로 생각하는 사고방식에 될 수 있는 한 물들어서는 안 되며, 그런 사고방식에 저항해야 한다는 점이다.

수전 손택, 이재원 옮김, 『은유로서의 질병』(이후, 2002), p.15.

세템브리니의 통렬한 반론이나 수전 손택(Susan Sontag, 1933-2004)의 따끔한 충고를 좀 더 일찍 읽었더라면 좋았을 것 같다. 그렇다. 병은 병이며, 치료해야 할 그 무엇일 뿐이다. 아버지처럼 깨끗하게 일찍 죽겠다는 꿈을 꾸었던 소년은 어느덧 환갑의 나이를 바라보고 있다. 그 희망은 자기 위안의 백일몽이었다. 병은 병이고, 죽음은 삶의 일부분이자 성스러운 조건일 뿐이다. 2013.02.17.

해석의 충동과 해방

근자의 사례들을 보고 있노라면, 해석은 예술작품을 가만히 내버려두지 않겠다는 잔인한 호전행위로 보인다. 진짜 예술에는 우리를 안절부절 못하게 만드는 구석이 있다. 해석자는 예술작품을 그 내용으로 환원시키고, 그 다음에 그것을 해석함으로써 길들인다. 해석은 예술을 다루기 쉽고 안락한 것으로 만드는 것이다. 해석의 이 호전성은 다른 예술 장르보다 문학에서 한층 더 극성이다. 지금까지 수십 년 동안 문학 평론들은 시나 희곡, 또는 장편이나 단편소설의 요소를 다른 무엇으로 번역하는 것을 자신의 임무로 여겨왔다.

수전 손택, 『해석에 반대한다』, 위의 책, p.26.

해석은 예술작품이 일련의 내용으로 구성된다는 심히 미심쩍은 이론을 토대로 예술을 난도질한다. 그리고 예술을 지적 도식의 범주에 포함되는 일종의 실용 품목으로 만든다. 수전 손택은 독자들에게 지나치게 협조적인 작가의 한 사람으로 토마스 만을 지목한다. 그는 자신의 작품이 적나라하게 드러내는 힘에 불안해진 나머지 직접 작품 안에다 그 힘에 대한 명백하고 숨김없는 해석을 집어넣기도 했다는 것이다.

해석자에게서 벗어날 이상적인 방법이 하나 있다. 외형이 통일성을 갖추고 군더더기 없으며, 흐름이 너무도 신속하고 말하는 바가 너무도 직선적이어서 작품이 작품에 있는 그대로일 뿐인 예술작품을 만들면 되는 것이다.

p.30.

나 역시 빅터 프랭클(Viktor Emil Frankl, 1905 – 1997)이 말한 의미를 향한 의지(The Will to Meaning)를 신봉하면서 사랑도 우정도 예술도 학문도 있는 그대로 보지 못했다. 무엇이든 의미를 부여하고서야 안심했다. 일종의 주술적 사고방식이다. 하지만 좋은 작품에는 해석의 충동에서 우리를 완전히 해방시키는 직접성이 있다. 사랑할 때 조건이 필요한가. 좋으니까 좋다. 좋은 시는 저절로 외워진다. 아름다운 여인을 보면 황홀하다. 산은 산이지 물이 아니다. 수전 손택은 이런 경지를 투명성 또는 위대함이라고 부른다. 아무리 비싸더라도 마음에 드는 도자기나 석물을 손으로 만졌을 때의 느낌을 떠올려 보라. 사물의 반짝임을 그 자체 안에서 경험하고, 있는 그대로의 사물을 경험하는 것. 그것은 무엇이라고 할 수 없어 그렇게 표현할 수밖에 없는 '그 무엇'이다.

오늘날 예술에 대해 뭔가를 말하려 한다면, 우리는 예술작품(그리고 거기에서 유추한 경험)이 우리에게 훨씬 더 실감나도록 만드는 것을 목표로 해야 한다. 비평의 기능은 예술작품이 무엇을 의미하는지 보여주는 것이 아니라, 예술작품이 어떻게 예술작품이 됐는지, 더 나아가서는 예술작품은 예술작품일 뿐이라는 사실을 보여주는 것이다. 해석학 대신 우리에게 필요한 것은 예술의 성애학erotics이다.

pp.34-35.

온몸으로 밀고 나가고 싶다. 사랑은 완전한 이해의 다른 이름이다. 사랑하고 즐겨라. 그것뿐이다. 2013.03.05.

내 안의 프랑켄슈타인

어릴 적 나는 현대의 자연 과학 교수들이 약속하는 결과에 만족하지 못했다. 극단적인 치기로밖에 설명할 수 없는 혼란스러운 사고, 그런 문제를 이끌어 줄 사람이 없었다는 사실로 인해, 나는 시간의 길과 나란히 놓인 지식의 계단을 거꾸로 내려갔고 최근의 질문과 관련해 발견된 성과들을 잊혔던 연금술사들의 꿈들과 맞바꾸어 버렸던 것이다.

메리 W. 셸리, 오숙은 옮김, 『프랑켄슈타인』(열린책들, 2001), p.68.

도도한 학문적 자부심과 과학적 확신 속에 새로운 생명체를 만들었지만, 흉측한 괴물로 태어난 것을 보고 괴로워하는 빅터 프랑켄슈타인 박사의 회한에 찬 고백이다. 나도 그랬다. 햇빛 쏟아지는 거리로 나가는 대신 헌책의 매캐한 냄새로 가득한 지하실로 내려갔다. 그리고 내가 모르는, 아니 모르는 것이 당연한, 과거를 알고 싶다는 초조함에 몸만 달아올라 밖으로 나갈 엄두조차 내지 못했다. 아, 이런 어리석음을 꾸짖어 줄 사람도, 불러 주는 사람도 없었다.

나는 어릴 때부터 글을 끼적거렸고, 여가 시간에 즐겨했던 소일거리 또한 '이야기 쓰기'였다. 그러나 글쓰기보다 훨씬 즐거웠던 일은 허공에 성 만들기—공상 속으로 빠져들기—였다. 생각의 흐름을 쫓아가노라면, 생각의 주제에 따라 상상 속의 사건들이 이어져 나갔다. 그 공상들은 내가 쓴 글보다 더 멋있고 그럴 듯했다.

pp.9-10.

메리 셸리(Mary Shelley, 1797-1851)는 부족함이 없는 가정에서 공상을 즐기며 살았다. 그러나 나는 가난을 너무 의식하며 살았다. 아물 때까지 진득하게 내버려 두지 못하고, 조금씩 피딱지를 뜯어내다가 결국 피를 보고야 마는 아이처럼……. 그렇게 성장한 소년에게 무신경이나 둔감함은 금물이었고, 요즘 말하는 멍 때리기나 유유자적은 사치였다.

한스 카스토르프는 자신의 감정을 정신적으로 정당화하는 것에는 별로 신경을 쓰지 않았고, 또는 부득이한 경우에 그런 감정을 어떻게 부를 것인가에 대해서는 더욱이나 신경을 쓰지 않았다. 그가 히페와 잘 '알고 지내는' 사이가 아니었으므로 우정이라 부르는 것도 어폐가 있었다. 하지만 첫 번째로 그러한 감정을 말로 표현할 수 있다는 생각을 해본 적이 없기 때문에 이름을 붙일 필요성을 조금도 느끼지 못했다.

토마스 만, 『마의 산』 상, 위의 책, p.234.

덤덤하게 살고 싶다. 언제나 그리워하면서 미워했고, 미워하면서 그리워했다. 평탄치 못한 가정에서 자란 아이가 키우는 촉수는 호전적이고 극단적이며 양가치적이다. 그 생명체는 프랑켄슈타인이라는 이름도 물려받지 못하고 버림을 받았기 때문에 '프랑켄슈타인'이라는 괴물이 되었지, 처음부터 괴물은 아니었다.

2013.03.09

의미하지 않을 자유

예술작품이 '말하는 바'를 놓고 도덕적으로 시비를 가린다는 것은 예술작품을 보며 성적으로 흥분하는 것만큼이나 난데없는 일이다(물론, 둘 다 매우 흔한 현상이다). 또한, 어떤 작품의 적절한 표현을 다른 작품에도 그대로 적용시켜야 한다는 주장 역시 난데없는 소리다. 예술에 속하는 선정적인 문학작품이나 영화, 혹은 미술을(딱 들어맞는 어휘가 없으니) 포르노라고 불러야 할 작품과 구분할 만한 엄숙한 기준을 구한다면, 아마도 우리는 주제의 무효화라는 개념을 통할 수밖에 없을 것이다. 포르노에는 '내용'이 있으며, 포르노는 우리를(메스꺼움과 욕정을 동원해) 그 내용과 결부시킬 의도로 만들어진다. 실제 삶의 대리물인 것이다. 그러나 예술은 우리를 흥분시키지 않는다. 만약 그런 경우라면, 그 흥분은 심미적 경험을 통해서 완화된다. 모든 위대한 예술은 관조, 역동적인 관조를 일으킨다.

수전 손택, 『해석에 반대한다』, 위의 책, p.53.

예술은 아무 것도 의미하지 않을 자유를 갖고 있다. 궁극적으로

로 세계는 정당화될 수 없기 때문이다. 이때 정당화란 우리가 세계의 어떤 부분을 다른 부분과 연관하여 생각할 때에만 일어나는 정신작용을 가리킨다. 진리의 보조역이 되는 것이 예술의 목적은 아니다. 예술작품은 의식이 명료하게 지각할 수 있는 형식을 제시하거나 기록하며 증언한다. 예술작품은 무언가를 이 세상에 단 하나밖에 없는 것으로 표현한다. 예술작품은 이 세상에 단 하나뿐인 어떤 것을 보여주거나 이해시켜 주는 것이지 판단하거나 일반화하는 것이 아니다. 이런 활동에 감각적인 즐거움을 곁들이는 것이 예술작품에서 타당한 단 하나의 목적이며, 예술작품의 정당화를 요구하는 사람들에게 내세울 수 있는 유일한 근거다.

니체(Friedrich Nietzsche, 1844–1900)는 말한다. 예술은 자연의 모방이 아니라 자연을 형이상학적으로 보충하는 것이며, 자연 곁에서 자라나되 그를 능가하려 드는 것이라고. 그의 말이 옳다. 예술이란 작품이나 공연을 통해 의지를 객관화하는 일이며, 의지를 불러일으키거나 일깨우는 일이다. 예술가의 관점에서 보면 의지를 객관화하는 것이고, 향수자의 관점에서 보자면 상상력의 장식으로 창조하는 것이다.

2013.03.11

책 안의 책과 책 밖의 책

책 안에도 책이 있고, 책 밖에도 책이 있다. 김수영(1921–1968)의 부인이 썼다는 책을 읽다가 진정성도 없고 겉멋만 부린 것 같아 덮어 버리려는 순간, 다음과 같은 대목이 나와 다시 펼쳤다.

> 그 후부터 저는 김 시인을 '아저씨'라 불렀으며, 그는 간혹 차원 높은 산문시와 같은 편지를 일본에서 보내오곤 하였습니다. 그 무렵 그는 유명한 작가 러스킨의 『깨와 백합』이란 일본 암파문고판 책을 보내와, 저는 그 책을 읽고 독후감을 써서 보냈는데, 그는 독후감을 잘 썼다고 굉장한 칭찬의 편지를 보내왔습니다. 일생 동안 저의 온갖 구석구석까지 모든 저의 재량을 다 알아주었던 그에게서 칭찬을 받은 건 그때가 처음이었습니다.
>
> 김현경, 『김수영의 연인』(책읽는오두막, 2013), p.154.

존 러스킨(John Ruskin, 1819–1900)의 저서 가운데 가장 대중적으로 알려진 『깨와 백합(Sesame and Lilies)』(1871)을 찾아서 읽어 본다.

독서법을 논한 제1강연「참깨」, 여성의 교양과 의무를 논한 제2강연「백합」그리고 제3강연「인생과 예술의 신비」로 이루어진 책의 내용은 진부하다. 그러나 러스킨의 질문은 귓가를 아프게 울린다. "여러분은 이 짧은 인생과 그 가능성을 측량하여 계획을 세운 적이 있습니까? 만약 여러분이 이것을 읽는다면 저것을 읽을 수가 없다는 것을—오늘 읽는 것을 내일 찾을 수가 없다는 것을 여러분은 아십니까?"

2013.03.12

문학사의 숨은 꽃

지하련(1912–1960 추정)은 가끔 임화(1908–1953)에게 '신성한 연애파'라고 놀림을 받았나 보다. 그러나 그녀는 연애파이기는커녕 문단이라는 허명의 시장과는 담을 쌓고 내공을 다진 노력파였던 것 같다. 친구들 사이의 미묘한 감정을 담담하게 그려 낸 일련의 작품에는 주도면밀한 관찰과 오랜 기다림 끝에 찍은 사진 같은 깊이가 있다. 그녀는 분단문학사의 그늘에 피어 있는 꽃처럼 생각된다. 창작에 대한 소신을 보면 이런 평가가 결코 지나치지 않음을 알게 된다.

물론 이것은 내 한 때의 단정斷定이겠거니와 지금도 나는 이따끔 우리들의 실없이 주고받은 말이 문듯 생각힐 때가 있다. 그야 '무식하다'는 말에 상구도 내가 노염을 띈 대답을 하려면—소설에 있어 천하 더러운 병이 그 너무 유식有識하고 싶은 병病일 게라—고, 말할 수 있을 게고, 또 —아무리 유식한 사람이라고 그 유식한 것이 그대로 나와, 소설이 제대로 되는 것을 보지 못했다고 말할 수 있을

지 모른다. 그리고, 본시本是 소설小說이란 그 하고 싶은 말을 다 해 버리는 게 소설이 않이라, 어떻게 해서 내 하고 싶은 말들이 나와서 능히 살겠거름 '집'을 짓겠느냐, 는 것이 소설일 게라고 말할 수도 —또는 이러기에 한 단편短篇에서 자기의 하고 싶은 한 마듸의 말이 아무 것에도 거리낌 없이 완전完全히 살수가 있었다면 그건 본망本望을 달한 소설小說일 게라고 말할 수도 있을 거다. 그러나 유식한 것이 그대로 나와 못쓰듯, 아무리 무식한 사람이라도 무식한 그대로가 소설에 나와, 가령 남이 봐서 무식하다고 말할 정도程度라면 이건 좀 딱한 일이 않일 수 없을 거다.

그리고, 만일 그 하고 싶은 말을 많이 허되 다 충실이 살일 수가 있는 재간이라면 얼마나 다행多幸한 고마운 일일지 모를 거다.

지하련, 서정자 편, 「소감」, 『지하련전집』(푸른사상, 2004), pp.236–237.

사람이라고 다 사람이 아니고, 부모라고 다 부모는 아니다. 이왕 낳았으면 그 아이가 훌륭한 사람이 될 수 있도록 잘 도와주어야 한다. 글을 쓰는 작가도 그렇다. 제 스스로 걸어 다니고, 독자에게 말도 걸고, 손도 내밀어 함께 걸어 보고 싶은 매력을 가진 글을 세상에 내보낼 때 작가의 책임은 비로소 끝난다. 지하련은 자립할 만큼 되었을 때 글을 세상에 내보내야 한다는 작가의 본분에 충실했던, 아름다운 작가였다.

형예는 문밖을 나섰다.

너무 맘 써 치장한 때문인지 언제라도 입을 수 있는 흰 반호장 저고리에 옥색—치마가 쨍—한 가을 볕살에 눈이 부신다. 어째 횃박을 쓴 것처럼 분이 너무 많이 발린 것도 같고, 입술이 주홍처럼 붉은 것도 같아서 뒷둑뒷둑 얼울한 판인데 "아이갸, 새댁 나들이 가나베, 잔칫집에 가요—" 하고 마을집 노인이 인사를 한다. "네—" 하고 그저 인사를 받는 둥 마는 둥 하려니, 어쩐 일로 그 노인이 꼭 얼굴만 보는 것인지……. 그는 귓밑이 확근하다.

"망할 노인네. 속으로 무슨 흉을 잡으려구—"

형예는 괘니 이런 당찮은 속알치를 부리고, 역부러 얼굴을 쳐들다십이 하고는 황황히 큰길을 나섰다.

지하련, 「결별」, 위의 책, p.66.

생활의 메마른 권태를 느끼던 참에 마실 나오라는 친구의 전갈을 받고 정성껏 화장을 하고 나선 형예가 동네 노인이 아는 척을 하자 속을 들킨 것 같아 짜증을 내는 모습이 눈에 잡힐 듯 선명하다. 그녀는 "서울 신랑 그 걸패 좋다는 청년을 함부로 머릿속에 넣어 보면서 어느 때보다도 조심껏 화장을 했던" 것이다.

문득, 정년하신 미당 선생을 사당동 예술인마을로 찾아가 대학원 강의를 듣던 날이 생각난다. 자택에 앉아서 수업을 하시는 것이 미안했던지 선생은 사모님께 맥주 몇 병을 부탁하여 내놓곤 했다. 그날 선생은 오장환의 월북은 뜻밖이었고 그럴 사람도 아니었다는 이야기를 하다가, 돌연 지하련이 당신을 꽤나 좋아했던 것처럼 말하며 빙그레 웃었다. 그때 선생의 얼굴은 봉산산방蓬蒜山房 한구석에서 잘 익어 가던 대춧빛 그것과도 같았다. 그러나 대학원에 늦게 들어왔던 정의홍(1944–1996) 선배 한 사람을 제외하면, 그녀의 이름을 아는 사람은 아무도 없었다. 정지용이나 김기림(1908–?)의 이름은 국어책에도 나오지 않았고, 참고서에도 정○○, 김×× 아니면 편석촌片石村으로 나오던 시절이었으니 어쩔 수 없는 일이었는지 모른다.

사실 지하련이라는 이름도 그날 처음 들었던 것 같다. 이른바 월북작가들과 관련된 해금 조치의 기미가 전혀 보이지 않던, 88 서울올림픽 훨씬 이전의 일이다. 그러나 명색이 대학원생이었던 만큼 창피해서 맥주를 단숨에 들이켜던 기억은 지금도 새롭다. 그런데 오늘 그녀는 다시 한 번 부끄러움을 안겨 준다. 미당 선생이 걸패 좋다는 그 청년인지 아닌지는 모르겠고, 오직 임화의 두 번째 부인이고 상당한 미모였다는 사실만 붉은 명조체로 기억의 노트에 아로새겨 넣었던 나……. 그러나 그것도 그때뿐, 까맣게 잊고 지냈던 그녀의 작품을 뒤늦게 읽으면서 이제야 연신 고개를 끄떡이고 있으니, 나는 그때나 지금이나 시각형 지식인, 아니 속물임을 부인할 수 없는 것이다.

2013.03.18

추억의 독서열차

다니자키 준이치로(谷崎潤一郎, 1886-1965)의 『세설細雪』은 1937년을 배경으로 시작된다. 중일전쟁이 일어났고 조선의 문학운동이 전기를 맞이했던 해이다. 흔히 이때를 전후하여 이데올로기에 치중하던 프로계 작가들이 작품의 예술성에 주력하면서 좌우익의 대동단결(?)이 이루어졌다고 말한다. 개인적으로 말하면, 할아버지가 조선내외朝鮮內外 영화배급업조합의 조합장으로 선출(1937.1.9)되고, 황금좌(나중의 국도극장)를 인수(1937.12.30)했으며, 아버지가 열아홉 살, 어머니가 열다섯 살 되던 해이다.

이 작품은 오사카의 몰락한 상류 계층에서 자라는 네 자매의 이야기다. 셋째인 유키코의 혼담을 중심으로 여자들의 소소한 행복, 미래를 향한 꿈, 고급스런 취향과 사치의 향유 등의 내용이 잘 담겨 있다. 또한 간사이(關西) 여성들의 사고방식과 말투, 풍요로운 일상과 세태는 물론 우리들의 삶을 되돌아볼 수 있는 대목도 적지 않다.

사람들이 쏟아져 나오는 교토의 꽃놀이 철에 이색적인 풍경을 더하는 것은 짙은 단색 한복을 입은 반도의 부인들이었다. 이들은 올해도 도게쓰교 건너편 물가 꽃그늘에 삼삼오오 모여앉아 점심을 먹고 있었다. 그중에는 여자인데도 술에 취해 들떠 있는 사람도 있었다.

다니자키 준이치로, 송태욱 옮김, 『세설 상』(열린책들, 2007), p.121.

다니자키의 붓이 여기서 멈추었으니 다행이다. 오늘, 아내와 동네 공원에 갔을 때도 이런 모습을 지켜보아야 했다. 자기 행복을 과시하거나 남의 신원을 조사하듯 아래위를 훑어보거나, 남들의 불쾌함을 전혀 개의치 않고 큰소리로 마구 떠드는 젊은 엄마들……. 그들이 젊고, 화려하게 차려입고 있었기에 더욱 절망스러웠다.

나고야의 동서에게 편지를 쓰려고 할 때는 항상 옥편이나 모범서한집을 책상 양쪽에 두고 초서의 흘려 쓰는 방법 하나라도 허투루 쓰지 않으려고 몇 번이고 초안을 써보는 식이어서 편지 한 장을 쓰는 데 꼬박 하루가 걸렸다.

p.141.

초등학교 시절, 미농지를 대고 글씨를 베끼거나 붓글씨를 쓰는 습자 시간이 있었다. 요즘에는 이런 수업을 하지 않지만, 이 시간을 통해 정성과 집중의 미덕을 익혔다. 덕분에 이 정도로나마 만년필 글씨를 쓰고 있다면 일본식이라고 해서 무조건 배척할 것만은 아닌 듯하다. 그것은 오히려 시문서화금詩文書畵琴의 통섭通涉을 강조했던 동양의 전통적 교육 방식의 일환으로 볼 수도 있다.

원래 이 주인은, 지금은 없어졌으나 메이지 시대에 유명했던 도쿄 료코쿠의 초밥집 요헤이에서 배운 사내여서, '요헤이'라는 상호를 붙였다고 하는데, 초밥 자체는 예전 료코쿠의 요헤이 초밥과는 취향이 달랐다. 왜냐하면 주인은 도쿄에서 배웠지만 고베 사람이어서 손으로 쥐어서 만드는 초밥은 있었지만 그가 쥐는 것은 교토 취향이 매우 강한 것이었기 때문이다. 예컨대 식초는 도쿄 식의 노란색을 쓰지 않고 하얀색을 썼다. 간장도 도쿄 사람들은 절대 쓰지 않는 간사이의 묵은 간장을 썼고, 새우, 오징어, 전복 등의 초밥에는 소금을 뿌려 먹도록 권했다. 그리고 바로 눈앞의 세토나이카이에서 잡히는 생선이라면 뭐든지 초밥으로 만들었다. 그가 초밥을 만들 수 없는 생선은 없으며 예전 요헤이의 주인도 그렇게 얘기했다고 하는 걸 보면, 그 역시 도쿄의 요헤이 식을 따르는 것이었다. 그가 만드는 것은 갯장어, 복어, 붉돔, 방어, 굴, 성게, 넙치의 지느러미 부분, 피조개의 내장, 고래의 붉은 살 등을 비롯해 표고버섯, 송이버섯, 죽순, 감 등에 이르렀는데, 참치는 무시하여 거의 쓰지 않았고 중간 크기의 전어, 조개관자, 개랑조갯살, 계란말이 등은 전혀 내놓지 않았다. 재료는 삶거나 구운 것도 많이 사용했지만 새우나 전복은 반드시 살아 움직이는 것을 눈앞에서 요리해 초밥을 만들었고 재료에 따라서는 겨자 대신 푸른 차조기나 산초의 싹, 산초로 조린 반찬 등을 밥 속에 넣어 내놓았다.

다니자키 준이치로, 『세설 하』(열린책들, 2007), pp.407-408.

정릉 배밭골 뒷산에서 우연히 산초를 발견하고 기뻐하며 냄새를 맡아 보라고 코에 대어 주던 아버지……. 평양 출신인 아버지는 산초를 분디라고 불렀다. 아버지는 이걸 김장에도 넣고, 간장에 담가 장아찌로 만들기도 했지만, 어린 내 입맛에는 그다지 매력적이지 않았다. 마당 한구석에 심어 키웠던 방아도 마찬가지였다. 곽향藿香이란 어려운 이름도 갖고 있음을 최근에야 알았다. 방아가 들어간 된장찌개를 맛있게 먹었던 기억은 없다. 아버지와 우리의 입맛은 달랐다. 일제 강점기에 형성된 미각과 60년대의 빈곤한 환경 속에서 배양된 미각의 차이라고 할 수 있다.

그녀는 서양식당을 좋아했고 초밥은 특별히 좋아하는 건 아니었지만 도쿄에 두세 달 있으면서 계속 붉은살 초밥만 먹었더니 아카시 도미 맛이 혀끝에 감돌았고, 그 절단면이 조가비처럼 은은하게 빛나는 하얗고 아름다운 살빛이 눈앞에 어른거리기도 했다. 그런데 그것이 기묘하게도 한큐 연선의 밝은 경치나 아시야의 언니, 동생,

조카의 얼굴과 하나인 듯 보였다.

p.409.

만일 아버지가 오래 살아 옆에 계셨더라면, 이북 음식을 좀 더 알지 않았을까. 기억나는 음식이라곤 백김치, 김치말이, 동그랑땡, 만두, 냉면, 어복쟁반, 어죽, 가자미식해 등 얼마 되지 않는다. 음식은 사상이라고 했는데, 식도락의 정수를 물려받지 못해 아쉽다. 대부분 서러운 기억을 동반한 음식들이라 더욱 그렇다. 그렇지만 절대빈곤의 시절에도 아버지와 어머니는 최선을 다해 우리를 먹이고 입혔다.

"사실 오늘 데루오가 학교에서 오는 것을 기다렸다가 메이지 신궁에 같이 갔다 왔어. 5시쯤 둘이서 여기에 왔는데 언니가 좀처럼 돌아오지 않고 또 그러는 사이에 배도 고프고 해서, 여주인이 식사를 준비해 주겠다고 했지만, 어젯밤에 마신 독일 맥주 맛을 잊을 수가 없어서 데루오를 데리고 로마이어에 가서 내가 한턱냈어. 그리고 지금 막 오와리초에서 데루오와 헤어지고 오는 길이야."

p.424.

아내가 가끔 딸아이들에게 데이트하던 시절에 겪은 황당한 경험을 들려주며 나를 쳐다보며 웃곤 한다. 자기를 만날 때마다 데리고 간 곳이 오비베어라는 생맥주 집이었는데, 등받이가 없는 의자라 오래 앉아 있기가 힘들었다는 이야기다. 동시에 이는 상대방을 위한 배려가 없기는 예나 지금이나 똑같다는 비난이기도 하다. 그런 성토를 당해도 싸다. 지금도 나는 허름하고 인정미가 있어 보이는 '서민적'인 술집을 좋아한다. 싼 게 비지떡임을 모르지 않지만, 몸에 밴 습관을 버리기 힘들다. 친한 후배나 동료들은 이런 나를 가끔 궁상스럽다고 생각하는 듯하나, 빈방해할까 봐 차마 말하지 못하고 있는 줄로 안다. 하물며 식민지 시절에도 모던 보이들은 수입 맥주를 즐기고 있었으니, 그들이 속으로 혀를 차는 것도 무리는 아니다.

> 최초의 체험적 습득을 가장 분명하면서도 가장 지우기 힘든 흔적으로 갖고 있는 것은 아마 음식 취향일 것이다. 태어난 세계가 멀리 사라지거나 몰락해도 이때 습득한 내용은 아주 오랫동안 계속되며, 정말 끈질기게 그 세계에 대한 향수를 느낄 수 있도록 해준다. 태어난 세계는 무엇보다 먼저 모친의 세계이지만, 그것은 또한 동시에 원초적 미각의 즐김과 최초의 먹을 것의 세계이자 원형적인 문화상품에 대한 원형적 관계의 세계이기 때문에 이것이 주는 기쁨은 완전한 기쁨의 유기적인 일부를 구성하고 이러한 즐거움을 통해 쾌락을 얻으려는 선택적 취향의 일부를 이룬다.
>
> 피에르 부르디외, 『구별짓기 상』, 위의 책, p.156

그런가 하면 이 작품에는 자연과 아름답게 교감하는 장면도 많아 회상의 뒤안길로 초대하기도 한다. 예컨대 이런 대목을 보면 잠시 책을 덮고 눈을 감게 된다.

> 새카맣게 어두워지기 직전 움푹 들어간 시냇물 수면에서 짙은 암흑이 기어 올라오고 아직도 근처의 풀이 움직이는 모양이 어슴푸레하게 시각에 느껴졌을 때였다. 멀리멀리 이어지는 시내 끝까지 무수한 선을 그리면서 양쪽으로 뒤섞이며 점멸하고 있던 유령 같은 반딧불은 지금도 꿈속에서까지 여운을 남기고 있는지 눈을 감아도 생생했다.
>
> p.479.

새카만 하늘에 샛노란 금실가락지처럼 떠 있는 그믐달이 한여름의 열기를 걷어 가던 어느 날 밤이었다. 작은형이랑 논두렁을 따라 심부름을 가다가 숲에서 뿌려 놓은 푸른 소금처럼 떠다니는 불빛을 보고 놀라 발걸음을 멈췄다. 반딧불이였다. 그날, 피터 팬이 된 것처럼 황홀했던 기억은 지금도 생생하다. 뿐인가. 장마철이 찾아오면 비가 그치기를 기다려 골안개가 살포시 드리운 북한산에 올라가 나무 밑에 깔려 있는 젖은 낙엽을 들췄다. 그러면 밤버섯, 싸리버섯, 국수버섯 때로는 송이버섯이 봉긋 머리를 내밀며 시원한 향기를 내뿜었다. 우리는 행여 부스러지기라도 할 새라 바구니에 솔잎을 깔고 보드랍고 향긋한 버섯을 얹었다. 그리고 산새 알을 훔쳐 오듯 조심조심 산을 내려온 다음, 한달음에 집으로 달려가 어머니께 보여드렸다.

장맛비가 그치면 미꾸라지를 잡는다고 차갑게 불어난 개울가에 나가 수초 사이를 뒤지다가 발꿈치의 모래가 빠져나가는 바람에 벌렁 뒤로 자빠지기도 했다. 아, 그때 가슴을 적시며 빠르게 흘러가던 시냇물은 얼마나 맑고 시원했던가. 굵고 시원하게 잘 자란 무의 윗동처럼 깨끗한 연둣빛이었다. 그리고 찌는 듯 무더운 여름날 저녁에는 어머니와 식모 누나를 따라 달그림자가 일렁이는 냇가에서 미역을 감았고, 돌아와서는 모깃불을 피워 놓고 마당의 돗자리에 앉아 수박을 먹었다. 그러나 이름 모를 나방과 냄새나는 풍뎅이는 수박의 달콤한 냄새보다 불빛이 좋은지 기둥에 매달린 알전구를 향해 죽어라고 달려들기만 했다.

일제 강점기에 살았던 부모들과 연치가 비슷하거나 조금 더 먹은 세 자매와 주변 인물들의 이야기를 읽다 보니, 추억의 열차는 과거로만 달린다. 모든 것이 간절하고 절박했던 시절이었기에 더욱 아름다운 추억으로 다가오는지 모르겠다. 2013.04.03.

죽음을 거부하는 죽음

그녀는 그를 보자, 육체적으로 자기의 굴종을 느끼고, 더 이상 한 마디도 이야기할 수가 없었다. 그는 또 그대로 살인자가 자기 때문에 목숨을 잃은 시체를 보고 느끼는 것과 같은 느낌을 느끼고 있었다. 아, 그에 의해서 목숨을 빼앗긴 시체야말로, 그들의 사랑이었고, 그들의 사랑의 첫 단계였다.

톨스토이, 「안나 카레리나 1」, 『대大톨스토이전집 6』, 위의 책, p.159.

서로를 확인한 후 브론스키와 안나가 느끼는 심정을 톨스토이(Leo Tolstoy, 1828–1910)는 이렇게 묘사했다. 섹스란 죽음을 거부하는 죽음이다. 거짓과 은폐의 커튼을 열어젖히고, 푸른 하늘을 바라보는 요즘……. 투명한 해방감이 좋다.

2013.05.27.

마음껏 해 보라

네 편의 「절규」를 비롯해 그의 여러 작품에서 보이는 풍부한 텍스처의 다양성은 바로 옆에 놓인 화판 위에서 모든 재료를 뒤섞는 습관에서 기인한 것이다. 그는 소량의 유화물감, 분필, 파스텔, 목탄, 크레용, 연필, 카세인 물감이 잔뜩 발린 붓 등을 되는대로 집어 들었다. 이것이 바로 뭉크의 위대한 모더니즘과 독창성이다. 유화는 반드시 유화여야만 한다는 법칙 같은 건 없었다. 드로잉을 꼭 처음에 해야 하는 것도 아니고, 그걸 나중에 채색으로 가려야 하는 것도 아니었다. 뭉크는 그림이 완성되어 보이도록 그리기를 한사코 거부했기 때문에 당시의 시각으로는 뭉크의 미술을 받아들이기 어려웠지만, 이야말로 후배 화가들에게 그가 호소력을 지닐 수 있었던 비결 중 하나였다.

수 프리도, 윤세진 옮김, 『에드바르 뭉크』(을유문화사, 2005), p.23.

평범하고도 의미심장한 지적이다. 이런 걸 가르쳐 주는 스승이 없었다면, 스스로 깨우쳤어야 했다. 진정으로 자신을 극복한 사람이 많지 않은 가정과 사회에서 동생이나 후배로 산다는 건 힘든 일이다. 자기본위! 이 말을 칭칭 감싸고 있는 두려움의 껍질을 벗겨 내고, 그 속에 담겨 있는 자신감을 끄집어내는 데 너무 많은 시간이 걸렸다. 깨우침은 깨뜨림이다.

2013.06.11.

잘 넘겨지지 않는 책

포스터(E.M. Forster, 1879–1970)의 『인도로 가는 길』을 읽는다. 식민지 경험을 공유했고, 타고르(R. Tagore, 1861–1941)의 조국인 인도가 배경인 작품이기에 읽고 싶었다. 또 포스터의 『소설의 양상』은 대학 시절에 인상 깊게 읽었던 책 중 하나이기도 하다. 한편 이 작품은 1984년에 데이비드 린(David Lean, 1908–1991) 감독의 동명의 영화로 국내에서 상영된 적도 있다.

"그리고 그 25년 동안 영국인과 인도인이 친해지려 하면 어김없이 재난이 따른다는 것을 알게 됐소. 서로 왕래하는 건 좋소. 예의는 반드시 지켜야 하고. 하지만 친해지는 건 절대로, 절대로 안돼요. 내 권위를 걸고 하는 말이오. 내가 찬트라푸르에 부임한 지 6년이 지났지만 그동안 만사가 순조롭고 영국인과 인도인이 서로를 존중하며 공존할 수 있었던 건 그들이 이러한 단순한 법칙을 지켰기 때문이오."

E.M. 포스터, 민승남 옮김, 『인도로 가는 길』(열린책들, 2006), p.211.

식민지 시절에 우리는 어떻게 살았을까. 식민지 본국인의 심리를 가감 없이 토로하고 있는 이 작품을 읽는 마음이 무겁다. 그때 우리는 "나는 정치는 모른다. 정치는 그놈들이나 하라고 해라. 난 먹고살기도 바쁘다."라면서 눈을 감고 귀를 막고 살지 않았을까. 주인공 아지즈의 자조와 윤직원 영감의 탄식이 겹친다.

"오, 당신들을 쫓아낸다고요? 내가 왜 그런 지지분한 일을 해야 하죠? 그런 건 정치인들에게 맡겨야지요. 나도 학생 시절에는 빌어먹을 당신네 나라 사람들 때문에 흥분했던 것이 사실이지만 그들이 내 일자리만 빼앗지 않고 공식적으로 지나치게 무례하게 대하지만 않는다면 난 그들에게 아무 것도 요구하지 않아요."

p.206.

윤직원 영감은 팔을 부르걷은 주먹으로 방바닥을 땅— 치면서 성난 황소가 영각을 하듯 고함을 지릅니다.

"화적패가 있너냐아? 부랑당 같은 수령守令들이 있더냐……? 재산이 있대야 도적놈의 것이요, 목숨은 파리 목숨 같던 말세넌 다 지내가고오…… 자— 부아라, 기리거리 순사요 골골마다 공명헌 정사政事, 오죽이나 좋은 세상이여……. 남은 수십만 명 동병動兵을 히여서, 우리 조선놈 보호히여 주니, 오죽이나 고마운 세상이여? 으응……? 제것 지니고 앉어서 편안허게 살 태평세상, 이걸 태평천

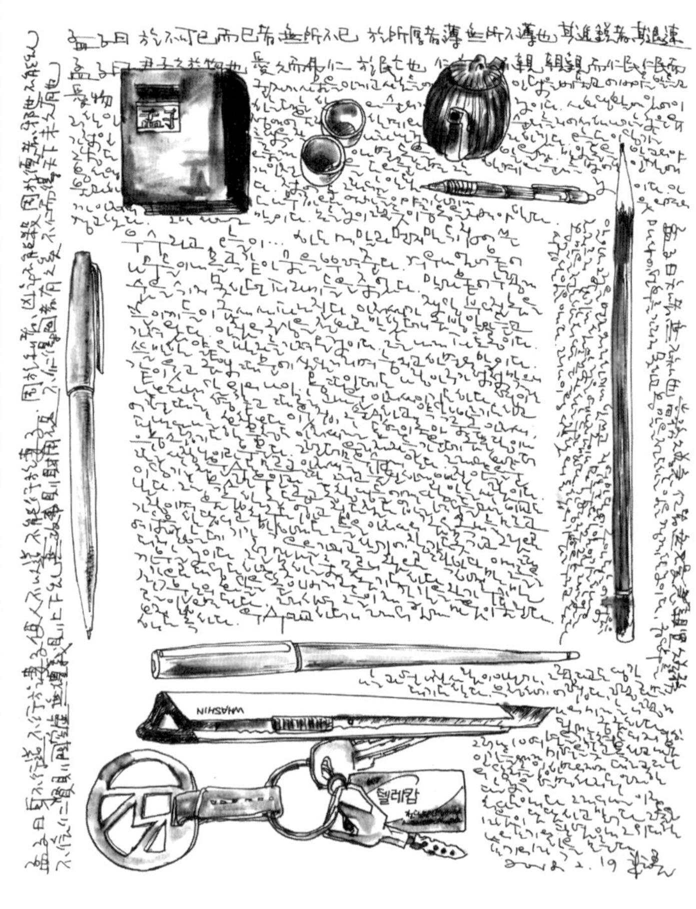
텔레캅

하라구 하는 것이여, 태평천하……! 그런디 이런 태평천하에 태어난 부자놈의 자식이, 더군다나 왜 지가 떵떵거리구 편안허게 살 것이지, 어찌서 지가 세상 망쳐 놀 부랑당패에 참섭을 헌담 말이여 으응?"

—채만식, 「태평천하 외外」, 『한국소설문학대계 15』(동아출판사, 1995), p.219.

남을 지배한다는 것은 자신을 죄수로 만드는 일이기도 하다. 영국인들은 인도를 이성으로 지배하고자 했지만, 그들은 유배자의 신세로 남았다. 그들이 만든 대도시들은 피난처에 지나지 않았다. 우리를 강탈했던 일제도 예외는 아니다. 아무도 죽음을 피할 수 없다. 변화의 대법칙 앞에서는 누구도 예외가 될 수 없다. 모든 것은 변한다. 아무리 벌레처럼 살아도, 좋아서 노예를 하겠다는 사람은 없다. 그럼에도 나는 정치를 모른다며 다급하게 손사래 치는 아지즈와 윤직원 영감을 보는 마음은 우울하다. 책은 몰랐던 역사의 뒤안길로 우리를 초대한다. 불편한 진실 때문에 잘 넘겨지지 않는 책을 굳이 읽는 보람도 여기에 있는지 모른다.

2013.06.19.

내 안의 삼대

"자네 왜 그러나?" 그가 물었다. "누굴 모두 죽이겠다는 거야?"

나는 다리에서 힘이 빠졌고, 갑자기 형언하기 어려운 피로감을 느꼈다. 그러나 앞에 있는 친구를 보자 정신이 들었다.

"그건 내가 아니었어. 그건 내가 아니었어." 나는 나지막한 목소리로 말했다. "어떤 다른 사람이었어."

그것은 다른 사람이었다. 누구였을까? 내 뱃속이 그토록 깊고 계시적으로 노출된 적은 없었다. 그날 밤 이후로 나는 마침내 여러 해 전부터 추측하던 바를 확신하게 되었으니, 우리들의 몸속에는 쉰 목소리들이, 굶주린 털복숭이 짐승들이—어둠이 겹겹이 숨어 있었다. 그렇다면 아무 것도 죽지 않는다는 말인가? 원시의 배고픔과, 목마름과, 고난과, 인간이 태어나기 이전의 모든 밤과 달은 우리들이 살아 있는 한 우리들과 함께 살고 배고파하며, 우리들과 함께 목말라하고 고통을 받으리라.

니코스 카잔차키스, 안정효 옮김, 『영혼의 자서전 상』(열린책들, 2009), p.23.

손녀를 안아 주며 나를 본다. 그리고 거울을 보며 내 안의 아버지를 본다. 1967년 그 화창했던 봄날, 아버지는 내 곁을 떠났던 것이 아니다. 아니, 내가 아버지를 떠나보내지 않았다. 그러던 어느 날, 이별을 준비하기 시작했다. 얼마 전 당신의 떠나는 뒷모습을 보았다. 편안해 보였다.

외할아버지 생각을 하면 내 마음은 죽음의 정복이 가능하다는 의식으로 힘을 얻는다. 그토록 등잔불처럼 상냥하고 고요한 광채가 얼굴을 감싼 사람을 나는 평생 본 적이 없었다. 외할아버지가 들어서는 모습을 처음 보았을 때 나는 소리를 질렀다. 헐렁헐렁한 바지에 넓고 빨간 허리띠를 두르고, 빛나는 둥근 얼굴에 유쾌한 할아버지의 모습은 방금 축축한 풀 냄새를 풍기며 과수원에서 튀어나온 흙의 혼령이나 물의 요정 같았다.

p.37.

어떤 외할아버지로 기억될까. 책과 그림을 좋아하고, 나무와 놀과 꽃 그리고 무엇보다 외할머니와 제 엄마를 사랑했던 외할아버지로 기억되고 싶다.

2013.06.25

의식적인 노력

살아오는 동안 교수라는 직업을 의식하면서 남들에게 거드름을 부렸던 적은 없다. 강사 생활을 오래 하면서 을의 처지를 너무 많이 겪어보았기 때문일까. 아니면 아름다운 글을 쓰는 작가가 아니라서 그랬던 것일까. 체호프(Anton Pavlovich Chekhov, 1860–1904)의 「갈매기」에 나오는 작가 트리고린은 자신의 생활을 부러워하는 니나에게 이렇게 말한다.

난 이렇게 당신과 함께 있으면서 마음이 들떠 있지만, 그 와중에도 끝내지 못한 소설이 날 기다리고 있다는 걸 매 순간 떠올립니다. 저기 피아노를 닮은 구름이 보이네요. 그러면 난 생각합니다. 피아노를 닮은 구름이 떠 있었다, 이걸 기억해 두었다가 소설 어딘가에서 써먹어야 될 텐데. 헬리오트로프 향기가 나네요. 바로 기억해야 돼. 들큼한 향기, 과부의 꽃, 여름날 저녁을 묘사할 때 잊지 말고 써먹어야지. 당신이나 내가 말하는 한 구절, 한 구절, 한마디, 한마디를 낚아채고, 이 모든 구절과 단어들을 나의 문학 창고 안에 서둘러

가둬 놓는 겁니다. 언젠가 써먹을 일이 있을 테니까!

안톤 파블로비치 체호프, 박현섭 옮김, 『체호프 희곡선』(을유문화사, 2012), p.52.

자신을 너그럽게 방목하지 못하고, 늘 긴장하면서 사는 인간이 작가인지 모른다. 그런데 작가도 아닌 주제에 풋잠을 잘 때도 때까치처럼 잡념의 지푸라기를 끊임없이 물어다 날랐다. "진지한 소설은 모두가 자서전적"이라고 했던 토마스 울프(Thomas Wolfe, 1900-1938)의 말만 믿고 과거에 집착하면서, 학자는 물론 비평가도 못된 채 어정쩡하게 살아왔던 것이다.

소설은 사실은 아니다. 소설은 선발되어 이해된 사실이며, 목적을 가지고 배열되고 장전된 사실이다. 한 권의 책을 만들기 위하여 서고의 절반을 뒤엎는다고 하는 것은 존슨 박사의 말이다. 마찬가지로 소설가는 작중의 한 인물을 만들기 위하여 어느 마을의 주민의 절반을 뒤엎지 않으면 아니 되게 될지도 모른다.

토마스 울프, 김병철 옮김, 『천사여 고향을 보라』(을유문화사, 1971), p.12.

문학은 의식적인 노력의 산물이다. 이 사실을 잊어서는 안 된다. 그러니 작가가 아니라고, 많은 고민도 하지 않고 머릿속에서 나오는 대로 글을 썼다. 노트나 화첩에 쓰는 손 글씨도 그랬다. 일말의 머뭇거림도 없이 마구 썼다. 하지만 세상의 모든 가치 있는 것은 어렵다. 인위적인 노력을 필요로 한다.

글을 쓰는 사람은 억압되고 불행한 숙명을 산다. 그것은 그가 맡은 일의 본질이 어휘를 사용해야 하기 때문인데, 다시 말하면 내적인 격렬한 흐름을 정체시켜야 함을 뜻한다. 모든 어휘는 위대한 힘을 내포하는 견고한 껍질이다. 그 의미를 찾아내려면 인간은 내면에서 그것이 폭탄처럼 터지게 해야 하며, 그렇게 함으로써 안에 갇힌 영혼이 해방된다.

니코스 카잔차키스, 『영혼의 자서전 상』, 위의 책, p.113.

요즘 '만들다' '빚다' '다듬다' 같은 동사의 의미를 무겁게 느낀다. 인내하고 정제하고 응축하여 만든 의미의 폭탄을 터뜨릴 때만 낡은 의미의 건물은 주저앉는다. 작가들의 자부는 신과 맞먹고, 정신의 귀족주의는 문명을 창출한다. 그러나 나의 젊음은 문학의 위대함을 보지 못했다. 인간의 영혼이 세계를 정복한다는 사실은 더욱 몰랐다.

나는 미소를 지었다. '내 것, 내 것'과 '나, 나'라는 관념이 내 친구에게는 무서운 감옥, 창문이나 문도 없는 지하 감옥이었다. "인간이 도달할 수 있는 가장 높은 정상이 무엇인지 알아?" 그를 위로하려고 애를 쓰면서 내가 물었다. "그건 자신을, 자아를 정복하는 거야.

그 정상에 도달하면, 앙겔로스, 그런 다음에야 우린 구원을 받아."

p.265.

비가 그쳤다. 비에 젖어 초록색으로 빛나는 우레탄 위로 주황빛 능소화가 꼭지째 떨어진다. 이렇게 허망하게 가려고 모진 겨울을 인내했더란 말이냐. 바람이 분다. 비에 젖어 고개 숙인 감나무 잎들이 한쪽으로 몰려간다. 나는 참다운 글을 쓸 수 있을까. 눅눅한 오후. 책상에 깔려 있는 유리마저 끈적거린다. 5시. 스탠드를 켠다. 백열등이 뜨겁다.

2013.07.02

가난한 사람들

그런데 말입니다, 바렌까, 문학이란 정말 좋은 것이디군요. 나는 그것을 그저께 옆의 방모임에서 비로소 깨날았습니다. 문학이란 참으로 심각한 것이에요! 사람의 마음을 굳세게 해주며, 깨우쳐주고, 이끌어주는 —이러한 여러 가지 유익한 것들이 그의 책 가운데 많이 씌어 있었습니다. 아주 훌륭하게 씌어있단 말입니다! 문학은 회화繪畫이다.— 즉, 어떤 의미에서 그것은 일종의 회화이며 거울이다. 그것은 정열의 표현이며, 예리한 비평이며, 사람의 마음을 감동시키는 교훈이며, 인생의 기록이다. 이것은 모두가 그 모임에서 주워들은 말입니다.

도스토예프스키, 이동현 옮김, 「가난한 사람들」, 『도스토예프스키전집 4』(정음사, 1972), p.170.

늑줄한 재주도 능력도 없는 주제에, 선입관의 두꺼운 안경을 쓰고 문학을 지주하고 야유하며 살았다. 상대를 제압할 능력도 없으면서, 입만 나불거리다가 막상 강자 앞에 서면 눈치만 보는 생쥐 같은 인간이었다. 그런데 이제서야 문학을 존경하여 그 앞에 무릎을 조아리고 있으니 가소롭다.

가난뱅이란 뒤틀린 성미를 가지고 있는 법입니다. 하나님께서 창조하신 이 세상을 보는 눈조차 전혀 다릅니다. 지나가는 사람들을 하나하나 곁눈질해 보며 언제나 자기 주위를 겁을 먹은 눈으로 둘러보면서 남이 하는 한 마디 한 마디 말에 귀를 기울입니다.—혹시 저기서 내 얘기를 하고 있는 거나 아닐까. 내가 무슨 생각을 하는지 눈치를 살피고 있는 것이나 아닐까, 이쪽에서 보면 꼴이 어떻고 저쪽에서 보면 꼴이 어떨까 하고 나를 흉보고 있는 거나 아닐까?— 이런 쓸데없는 데 신경을 쓰게 됩니다.

p.190.

벌레 먹어 잎사귀는 숭숭 뚫리고, 옹이가 박혀 외틀어진 나무와도 같았다. 잠을 자면서도 의식의 끈을 놓지 못해 지저분한 꿈을 꾸었다. 사고 싶은 골동품이 있어도 가격을 따져 가며 진열대에 올려놓았다 내리기를 거듭했다. 그러다가 다른 사람에게 팔린 것을 알고는 자신의 인색함과 졸렬함을 탄식했다. 한 톨의 밥알이라도 박박 긁어 먹은 다음에야 수저를 놓았다. 어떻게 미끈하고 번듯한 자작나무처럼 쭉쭉 뻗어 나가는 사람이 될 수 있었겠는가. 평생 간직한 청소 강박관념도 정서불안의 일종이다. 가난이란 한 인간의 뇌를 파먹는 박테리아 같다.

2013.07.30.

지하 서재에서

그 당시의 나에게는 어떤 책도 거의 적합하지 않았다. 그런데도 계속 읽었다. 후년에 나는 때때로 밤중에 일어나 별들이 하늘에 유난히 반짝반짝 빛나면서 매우 의미심장하게 운행하는 것을 보게 되었다. 그런데 이렇게 풍부한 세상에 대해 어떻게 감히 소홀히 하려 했는지 이해할 수가 없었다.

라이너 마리아 릴케, 문현미 옮김, 『말테의 수기』(민음사, 2001), p.226.

인연이라는 말의 의미를 다 헤아리고 죽는 사람은 얼마나 될까. 책인들 예외가 될 수 있으랴. 한 번도 읽지 않고 버리는 책, 제목에 이끌려 샀다가 실망하는 책, 화려한 장정에 현혹되어 샀다가 속빈 강정 같이 집어던지는 책……. 책과 사람 사이에도 아름다운 인연만 있는 것은 아닌 듯하다. 하긴 책을 누가 썼던가. 사람이 쓴 것 아니던가. 그렇다면 인연이 아닌 책은 놓아 주었어야 마땅하다. 그러나 나는 읽지도 않고 쌓아 놓기만 했다. 늘 의무감에 쫓기며 살면서 세상이 얼마나 아름다운 곳인지 몰랐다 그래서 이렇게 풍부한 세상에 대해 감히 소홀히 할 수 있었던 것이리라. 내 책들은 주인을 잘못 만났다.

우리는 모든 얼치기 예술가처럼 가벼운 향락에 물들어 대가인 척한다. 그러지 말고 우리가 얻은 성과들을 경멸한다면 어떨까? 우리들을 위해서 언제나 남이 해준 사랑의 일을 아주 처음부터 배우기 시작한다면 어떨까? 많은 것이 변해가는 지금 우리가 자진해서 초보자가 되면 어떨까?

p.155.

아, 이제는 지하 서재에서 나를 기다리고 있는 저 책들을 소년처럼 황홀하게 읽고, 나른하게 누워 음악을 들으며 몽상에 잠기고 싶다.

2013.08.13

우물 안 개구리

250여 년 전에 초정楚亭 박제가(1750-1815)가 민족과 국가에게 올린 건의문이라 할 수 있는 이 책을 보는 마음이 편치 않다. 세상은 바뀌었지만 실상은 지금도 변함없이 똑같기 때문이리라.

주자가 학문을 논하면서 "이와 같이 해서 병이 된다면 이와 같이 하지 않으면 약이 될 것이다. 知得如此是病 卽便不如此是藥"라고 말씀하셨다. 병이 무엇인지를 안다면 손쉽게 찾아질 것이다.

박제가, 안대희 교감 역주, 『북학의』(돌베개, 2013), p.29.

어린아이가 낯선 손님을 보면 부끄러워하고 쭈뼛쭈뼛하다가 비쭉거리며 운다. 본래 성품이 그래서가 아니라 보고 들은 것이 적어 의심이 많아서이다. 그렇듯이 우리나라 사람은 두려움을 쉽게 느끼고 꺼리는 것이 많으며 풍속과 기운이 투박하고 재능과 식견이 시원하게 트이지 못했다. 오로지 외국과 통상이 없는 것이 그 이유다.

p.254.

『북학의』는 이름 그대로 풀이하자면, 북쪽 즉 오랑캐를 배우자는 논의다. 문화가 발달한 청나라를 인정하고 선진 문물을 배우자는 주장을 담고 있다. 오늘도 날씨는 무덥다. 시원하게 운동이나 하고 들어와야겠다. 나는 우물 안의 개구리인가 아니면 웅덩이의 올챙인가. 정녕 이렇게 해서 병이 된다면 그렇게 하지 않으면 약이 될 터, 그것이 그토록 힘든 일이었을까.

2013.08.22

마음의 문신

에드워드 호퍼(Edward Hopper, 1882-1967)의 평전을 읽으며, 띠스하고 넉넉한 환경이 한 개인에게 미치는 영향력에 대해 생각한다.

자신의 그림 솜씨를 일찍 발견한 에드워드는 그림을 통해 자신의 생각과 가깝게, 자신 있게 세상을 대할 수 있는 자기만의 독특한 능력을 발견했다. 그의 아버지는 집안에만 틀어박혀 있는 그를 걱정하며 전에 캣보트를 만들 때처럼 바깥 활동을 하도록 독려하는 한편, 그의 천부적인 재능을 계발하도록 격려해 주었다.

게일 레빈, 최일성 옮김, 『에드워드 호퍼』(을유문화사, 2007), p.37.

가난이 마음에 새겨 놓은 문신을 지우는 데 거의 반세기를 허비했다. 정말 하고 싶었던 문학이고 미술이었기에 그토록 미워하고 두려워했음을 알았다. 호퍼처럼, 자기의 예술은 내부의 진실을 기록하기 위해 끊임없이 그림 그리기를 연마하는 투쟁이라고 당당하게 결론내릴 수 있는 사람은 행복하다.

2013.08.24

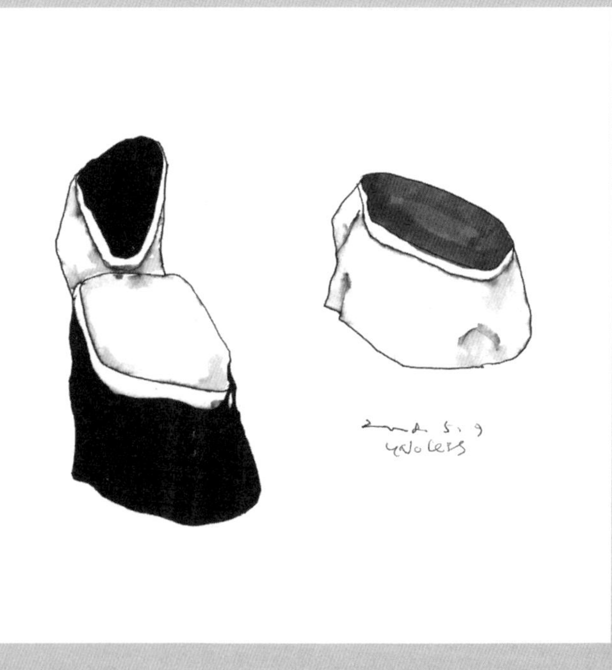

모방과 발명

어렸을 때 인복이 있다는 말을 들었다. 그러나 낯을 많이 가려 많은 사람을 사귀지 못했다. 좋은 모방의 대상을 놓쳐 버렸다는 의미이기도 하다.

그러면 발명은 어떻게 해서 생겨나는가? 흔히 생각하듯이, 무에서 생겨나는가? 그렇지 않다. 발명은 거의 대부분 다른 사람들을 통해 전해진 지식들의 정신적 만남을 통해 이루어진다. "모든 발명과 발견은 외부로부터의 본질적으로 빈약한 몇몇 기여를 제외하면 이전의 모방을 요소로 하는 복합체다." 달리 말하면, 이미 알려져 있는 지각과 이미지로 새로운 조합을 하는 것이다. 가장 독창적인 발명이라도 이전 발명들의 종합일 따름이다. 발명은 언제나 모방 광선들의 교차, 모방들의 독창적인 조합이다. 그렇다면 발명가, 즉 창조자는 독창적으로 모방하는 자다. 이를 통해 알 수 있는 사실은, 창조자 개인은 사회에 빚지고 있다는 것, 아무리 천재적인 개인의 창조라도 거기에는 사회적인 협력(collaboration sociale)이 있다는 것

이다. 이를 결코 잊어서는 안 된다. 개인적인 것에는 사회적인 것이 있으며, 사회적인 것에는 개인적인 것이 있다는 사실을 항상 생각해야 한다.

가브리엘 타르드, 이상률 옮김, 『사회법칙』(아카넷, 2013), pp.254-255.

좀 더 가혹하게 밀어붙이며 넓은 곳으로 가야겠다. 역사는 창의와 반복, 발명과 모방의 연쇄다. 이제는 머뭇거릴 시간도 없다. 좀 더 용감하고 솔직해지자.

2013.09.01.

과거와 현재의 사람

비가 시원하게 내린다. 아침부터 마당에 나가 아내랑 흙을 북돋아 주고 거름도 넣어 주었으니 나무들도 좋아하겠다. 스탠드의 불빛이 따스하다. 헤르만 헤세(Hermann Hesse, 1877-1962)의 『황야의 이리』를 읽는다.

"젊은이! 자네는 늙은 괴테를 너무 진지하게 대하고 있네. 이미 죽어버린 옛 사람들은 그렇게 진지하게 생각할 필요가 없다네. 그건 그 사람들에게 몹쓸 짓을 하는 거라네. 우리처럼 불멸하는 사람들은 진지하게 생각하는 것을 좋아하지 않는 법이야. 우리는 즐거움을 좋아하지. 젊은이! 진지함이란 시간의 문제라네. 이것만큼은 자네에게 일러줘야겠네. 진지함이란 시간을 과대평가하는 데서 생겨나는 거라네. 나도 한때는 시간의 가치를 과대평가한 적이 있었네. 그래서 백 살까지 살고 싶어 했지. 그러나 영원 속에선, 자네도 알다시피, 시간이란 없다네. 영원은 한 순간에 불과한 것이라네. 즐거운 일을 하나쯤 할 수 있는 딱 그만한 시간이지."

헤르만 헤세, 김누리 옮김, 『황야의 이리』(민음사, 1997), pp.137-138.

꿈속에서 만난 괴테가 주인공 하리 할러에게 한 말처럼, 돌아가신 아버지를 많이 그리워하며 살았던 반생이다. 아버지는 나를 사랑의 꽃밭으로 데리고 가서 마음껏 뛰놀게 했던 최초의 분이었다. 그러나 회상은 달콤하지만 안주와 퇴보의 뒤안길로 우리를 끌어당겨 주저앉힌다. 회상에 빠져 과거의 사람이 될 수 있다는 말이다.

형은 과거의 사람이었다. 화려한 미래는 이미 그 앞에 존재하지 않았다. 매번 지나간 일을 돌이켜 보기만 하는 형과 마주앉아 있는 겐조는 자신이 나아가야 할 생활의 방향이 반대로 되돌려지는 듯한 기분이 들었다.

"쓸쓸해." 겐조는 형의 길동무가 되기에는 지나칠 정도로 미래에 대한 희망이 많았다. 그리고 현재의 겐조는 상당히 쓸쓸함을 타는 사람이었다. 현재에서 점차 나아가게 될 미래 역시 쓸쓸할 것임을 겐조는 잘 알고 있었다.

나쓰메 소세키, 조영석 옮김, 『한눈팔기』(문학동네, 2011), p.101.

요즘 하루하루의 변화를 기다리는 즐거움이 크다. 아내와 아이들에게 더 잘해 주고 싶다. 그동안 미워했던 사람들도 다 용서해

줄 것 같다. 맑은 햇살을 온몸에 받으며, 뭉게구름이 높이 떠 있는 산간 마을의 길을 천천히 걷고 싶다. 아, 비가 그치면 가을도 짙어지리라.

그러니 잠시 휴식을 취하는 게 필요했다. 여름을 그럭저럭 견뎌내고 생산적으로 만들려면 즉흥적인 삶, 빈둥거리는 생활, 먼 곳의 공기, 새로운 피의 수혈이 필요했다. 그러니까 여행을 떠나는 거다. —그는 이런 생각에 만족했다. 아주 멀리 가지는 않더라도, 호랑이가 사는 곳까지 가지는 않더라도 말이다. 침대칸에서 하룻밤을 보내고 매력적인 남쪽의 어느 세계적인 휴가지에서 서너 주 동안 낮잠을 즐기면서 말이다…….

토마스 만, 홍성광 옮김, 『베네치아에서의 죽음』(열린책들, 2006), p.296.

너와 뜻이 다르다고 분노하지 말라. 절망하지도 말라. 너는 고독한 방랑자도, 황야의 이리도 아니다. 천형天刑의 시인은 더욱 아니다. 너는 너다. 바람이 불면 나뭇잎이 흔들린다. 바람아 멈춰라. 밝은 생활이 필요하다. 너무 오랫동안 어둠 속에서 지냈다. 사람은 사람이기에 사람 이상의 삶을 살아야 한다.

2013.09.19

자기완성의 길

사랑하는 사람은 사랑받는 사람보다도 더 거룩하다. 왜냐하면 사랑하는 사람의 사랑은 언제나 보답 없는 상태로 그대로 머물러 있어야만 하고, 또 그것은 단지 자기완성으로 나아가는 길이기 때문이다.

게오르그 루카치, 반성완 · 심희섭 옮김, 『영혼과 형식』(심설당, 1988), p.165.

루카치(G. Lukács, 1885–1971)의 통찰력은 아름답다. 그러나 나는 피를 피로 씻듯이 살아왔다. 사랑받기만을 원했다. 2013.12.22.

2014년

오늘의 날씨 · 황홀한 고독 · 만선의 주인공 · 붉은광장과 아크로폴리스 · 일탈을 향한 도발 · 증오의 대물림 · 길이 아니면 가지 말라 · 살아 있음의 기적 · 답 없는 답 · 마음의 감옥 · 변소, 화장실, 해우소 · 낡은 성윤리의 껍질 · 발상의 전환과 용기 · 장서가의 행복한 고민 · 사실과 상상의 안팎 · 자, 일하러 가시죠

오늘의 날씨

내가 이곳을 나간 다음에는 일기를 계속하지 않을 것이다. 일기를 쓰는 것은 건강하지 않다. 여기 이 지하실에서는 일기가 나를 이성적으로 만들어주며, 또 누구에게 이야기를 할 수 있는 말상대가 되어준다. 그러나 원래 일기란 허영이다. 자기가 듣고 싶은 말을 적고 있는 것이니까.

이상하다. 자화상을 그릴 때에는 꼭 이렇지는 않은 것이다. 속이고 싶은 유혹은 일지 않는 것이다. 병이다. 자신에 관해서 끝없이 생각하는 것은 병이다. 불건전한 짓이다.

존 파울즈, 「콜렉터」, 위의 책, p.238.

어렸을 때 처음 며칠을 제외하고는, 날씨를 적고 일기를 쓴 적이 없다. 왜 그랬을까. 그만큼 불안하게 인생을 살았다는 뜻이다. 내면만 파고들었다. 날씨가 좋으면 하염없이 걷고, 비가 주룩주룩 내리면 튤립 같은 유리산에 포도주를 따라 마시기도 하고, 낙엽이 뒹구는 포도鋪道를 걸으며 안네 소피 폰 오토(Anne Sofie von

Otter, 1955–)의 시원한 노래를 듣기도 하는, 그런 인생을 살지 못한 것이다.

아, 쫓기듯이 살지 말자. 과거로 돌아가기 위해 사는 것은 아니지 않은가. 진정한 나를 찾아 떠나자. 만년필을 두 손 사이에 넣고 가만히 어루만져 본다. 잉크가 부드럽게 나오면, 오늘은 첫눈을 밟으며 걷던 그 마음으로, 한 글자 한 글자 꾹꾹 눌러 가며 쓰려고 한다.

2014.01.19.

황홀한 고독

문득문득 생각에 잠길 때가 많다. 묵념이란 것도 없고 묵상이릴 것도 없는 채로 우두커니 고개 숙이고 앉아 있는 경우가 잦다. 그럴 때, 구부린 허리 위로, 숙인 고개 위로 여생을 비추는 여광이 고여 있기를 바라고 또 바랄 뿐이다.

김열규, 『아흔 즈음에』(휴머니스트, 2014), p.27.

아내가 둘째를 임신하고 배가 불렀던 1988년, 안성 별장 옆에 마련된 수영장에서 여름철을 보내던 김열규(1932–2013) 선생을 찾아갔던 날이 떠오른다. 그 후 많은 세월이 흘렀다. 작년 10월, 고성의 앞산을 망연하게 바라보는 노년의 적막 속에서 돌아가셨다는 소식을 들었다. 고독하셨을까. 그러나 글을 쓰면서 고독을 누렸힌 것은 고독하지 않았다는 증거인지 모른다. 사람들은 다만 이 세상과 교섭하면서 사아를 형성하다가 그 상태에 익숙해졌고, 그렇기 때문에 떨어져 나오면 옷을 벗어 버린 것처럼 허전하여 고독하나고 외지는 것이다.

고독이란 생명의 시원始原을 잊어버린 자들이 만들어 낸 말이다. 처음부터 혼자였고, 나중에도 혼자다. 고독이란 온전한 자아가 되는 거라고 강변할 필요도 없다. 우두커니 고개 숙이고 앉아 있는 것. 그것이 고독이다.

외롭기로 작정하니 추운 겨울날 옷을 다 벗어던지고 잘 때처럼 시원하다. 아무도 없는 산에 올라가 맑은 냇물에 몸을 담그고 온몸에 힘을 빼면 둥싯 떠오르던 알몸 위로 끝없이 펼쳐지던 하늘……. 그 하늘처럼 깨끗하다. 가는 자로 하여 가도록 하고, 오는 자로 하여 오게 하라. 또렷이 볼 수만 있으면 좋겠다. 아, 위대하구나. 부처여. 그대는 죽기 전에, 더 늙기 전에 이미 깨우쳤구나. 황홀한 고독이었으리라!

일기를 쓰지 않았더라면, 어떤 인간이 되었을까. 글쓰기 노동자처럼 살았던 김열규 선생도 24시간이 무섭다고 했는데, 만년필이 손가락 사이에서 맥없이 굴러 떨어질 때까지 쓸 수 있을까. 그랬으면 좋겠다. 그랬으면 좋겠다.

2014.01.30

만선의 주인공

형은 오늘도 나왔구나. 연구실 점등 스위치에는 오늘도 어김없이 초록색 불이 하나 들어와 있다. 오랜만에 얼굴이나 보고 갈까. 아니다. 정년을 앞두고 있는 형에게 자칫하면 상투적인 인사나 할지 모른다. 그래도, 하고 손잡이를 잡는데 게시판에 붙여 놓은 형의 자작시 한 편이 눈에 들어온다.

차가운 겨울 강
빈 배를 띄우는 것은
고기를 낚고자 하는 것이 아니라,
부질없이 한가로움을
이제 더욱 즐기려 하노니,
생각 많은 행인들은
채우지 않은 어창魚艙을 가리키네.

언젠가는 어김없이 찾아올 정년을 상상하며 오히려 착잡해하는 후배 교수들에게 걱정 말라는 듯이 이런 시를 쓴 것 같다. 일찍이 『어둠을 빛이라 불러다오』, 『슬픈 어릿광대』를 상재上梓했던 시인답다. 그러나 세상은 최순열(1949–) 형을 시인으로 남겨 두지 않았다. 형은 전임 발령 이후부터 얼마 전 학사부총장을 그만두기까지 오랫동안 모교에서 보직 교수로 활약했다. 그래서 대학원 시절에 같이 공부했다는 이유 하나만으로 버릇없이 들이대곤 했던 나는 형에게 객쩍은 충고도 하고, 시기 어린 눈총을 보내기도 했다. 행정 감각이 워낙 탁월하고 모교를 사랑했던 그로서는 거절할 수 없는 일이었음을 이해하고 격려했던 선후배나 동료는 물론 은사 또한 많지 않았던 것이다.

부끄럽다. 하지만 과연 책상물림만이 훌륭한 교수이며 학자일까. 또 어창魚艙의 물고기를 세상에 다 풀어놓기 전에 그 어느 누가 만선滿船의 주인공은 나라고 자랑할 수 있단 말인가. 혹시 기척이라도 느끼고 나올까 싶어 발걸음을 돌린다. 겨울방학을 맞이한 학림관의 오후는 창백하다. "안녕하십니까. 경비가 해제되었습니다." 무미건조한 기계음을 뒤로 밀어내고 실내등을 켠다. 목마른 화초들 위로 피곤에 지친 의사의 가운 같은 형광등 불빛이 흩어진다. 희뿌연 남산을 뒤로하고 우뚝 선 만해광장의 나무들 사이에는 붉은 해가 걸려 있다. 컴퓨터를 켜고 책상에 앉는다. 아무라도 찾아오면 무작정 따듯한 커피라도 대접하고 싶은 겨울이다. 아, 그런데도 형은 어쩌자고 오늘도 저 차가운 연구실을 지키고 있단 말인가.

책은 눈에 들어오지 않고 몸은 으슬으슬 춥다. 마시던 커피마저 차갑게 식었다. 유리창은 어둠에 젖어 형광등 불빛을 삼킨다. 들어가야겠다. "경비가 개시되었습니다." 아무도 없는 복도에는 흐릿한 그림자를 따라오는 발지국 소리만 그다. 형은 아직 들어가지 않았다. 뜨거운 녹차라도 한잔 달라고 할까. 아니다. 형은 지금 외롭고 황홀한 심사心思를 즐기고 있는지 모른다. 방해하지 말자. 아까 읽다만 시를 마저 읽고, 엘리베이터로 향한다.

어제 기운 달이 다시 돋아오기 전에
삿대를 거두어
차마 잠그지 않은
사립문을 열고 들어가면
뉘라서 매화문梅花紋 다완茶碗을 데우리.

세한歲寒, 돌올突兀히 넘기고
다가올 신춘에 꽃을 만날 수 없다 한들
이 겨울의 고답高踏을 이리 누리는 것이
어찌 다사로운 향복享福임을 모르겠는가.

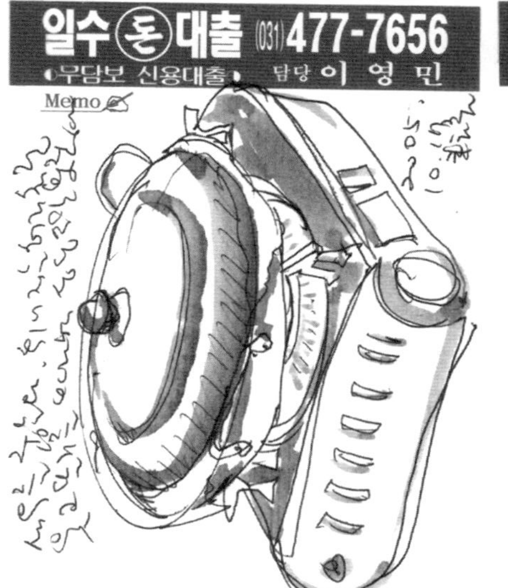

일수 돈 대출 (031)477-7656
무담보 신용대출 담당 이 영 민
Memo
※ 전화주시면 방문하여 친절히 상담하여 드리겠습니다.

어두운 복도 끝에서 불어오는 찬바람이 같이 타자며 등을 떠민다. 어느새 어둠에 잠긴 비탈길의 소나무 위에는 가로등 불빛이 억새처럼 흔들리고 있다. 안되겠다. 겨울의 고답을 누리는 향복享福도, 외롭고 황홀한 심사를 음미하는 고독도 방해하고 싶지는 않지만, 쓴 소주라도 한잔 하자고 억지를 부리지 않으면 내가 더 외로워 못 견딜 것 같다.

"형 뭐해? 바쁘다고? 허허. 나오세요. 후문에서 기다릴게. 아, 괜찮아. 그럼 홍탁집에 가 있을까. 하긴 그래. 거긴 요즘 학생들이 많이 와서 좀 그렇지? 알았어. 그럼 복어집에 가 있을게. 빨리 와요!" 그나저나 나는 오늘도 술기운을 빌려 정년을 진심으로 축하드린다느니, 세한을 돌올히 넘기신 소회가 어떠하시냐는 둥 마음에도 없는 헛소리나 해 대면서 형의 속이나 긁어 놓지 않을지 모르겠다. 글쎄, 그걸 마음대로 하고 안 할 수만 있다면, 벌써 의젓한 아우가 되고도 남았으리라. 하긴 이런 나를 한두 해 보아온 형도 아니지 않던가. 아, 어서 빨리 봄이 왔으면 좋겠다. 날이 갈수록 점점 더 겨울이 징그럽다. 철없는 나도 이제는 늙었나 보다.

2014.02.05

붉은광장과 아크로폴리스

제1일(2014.2.7.금) 오전 08:00 안양역 앞에서 아내의 배웅을 받고 출발한 지 50분 만에 인천공항에 도착한다. 10:47 짐을 부치기 위해 대기 중이다. 12:13 AERFLOT SU351에 탑승한다. 12:24 북새통이다. 좌석은 비좁다. 가져온 책도 눈에 잘 들어오지 않는다. 이민 생활의 투명한 공포감이 느껴지는 작품이라 그런 것 같다. 오후 3:19 점심을 먹는다. 훈제연어와 닭고기, 빵, 달달한 케이크. 스튜어디스들은 덩치가 크고 억세다. 4:21 승객 몇 명이 화장실 앞에 서 있다. 다리가 생고무처럼 땡땡하다. 그러나 한때 열일곱 시간씩 앉아 공부했던 적도 있지 않은가.

5:17 800km. 울란바토르 상공을 지나고 있다. 반절도 못 왔다고 한다. 6:20 엉덩이가 배겨 화장실에 갔다가 허리를 잠시 움직여 본다. 배에 가스가 찼다. 7:12 승원이는 지금쯤 들어왔고 아내는 밥상을 차리고 있겠구나. 서울은 오늘도 추우려나. 추운 나라로 들어간다는 실감이 나지 않는다. 8:12 화이트 와인을 한잔 먹

으니 상기된다. 9:03 두 번째 식사를 마친다. 배가 부르다. 여덟 시간 동안 꼼짝없이 앉아서 먹고 마시고 읽고 이야기를 나누는 것도 고문 아닌 고문이다. 수런거리는 걸 보니 이제 도착할 듯하다. 귀가 먹먹하다. 상허尙虛 이태준이 감격에 젖어 이렇게 외쳤던 모스크바에 온 것이다.

> 낡은 세상에서 낡은 것 때문에 빋던 오랜 동안의 노예생활奴隸生活에서 갓 풀린 나로서 이 소련蘇聯에의 여행旅行이란, 농籠 속에서 나온 새의 처음 날으는 천공天空이었다.
>
> 나는 참으로 황홀한 수개월이었다. 인간의 낡고 악한 모든 것은 사라졌고, 새 사람들의 새 생활, 새 문화의 새 세계였다. 그리고도 소련은 날로 새로운 것에도, 마치 영원한 안정체安定體, 바다로 향해 흐르는 대하大河처럼 끊임없이 나아가고 있었다.
>
> 이런 소련은 멀리 있는 것도 아니었다. 평양서도 공로空路로 세 시간 남짓하면 그곳 하늘로서, 울연鬱然한 고층시가와 임립林立한 공장굴뚝들의 '우라디오스토크'를 기익機翼 밑으로 나려다볼 때 저런 큰 현실이 우리 귀 닿을 데 놓여 있다는 것은, 우리는 지도에서 전혀 본 적이 없는 것처럼 놀라웠다. 일세日帝는 이 위대한 새 세계의 출현을 그 편린片鱗이라도 우리가 주목할까보아 얼마나 악랄惡辣한 경계警戒를 해왔던 것인가!
>
> 이태준, 『소련기행 · 농토 · 먼지』, 위의 책, p.12.

10:33 입국심사를 기다린다. 10:58 짐을 찾는다. 여섯 시간을 뒤로 돌려 모스크바 시간으로 맞춘다. 6:30 기차를 가까스로 탄다. 6:39 모스크바로 가는 기차 안은 덥다. 어두워진 모스크바의 거리에는 눈이 쌓여 있다. 7:00 모스크바 기차역에 도착한다. 7:24 밍크코트가 어울리는 여인들의 나라, 라스코리니코프와 소냐 그리고 미시킨의 고국에 왔음을 실감한다. 8:00 급경사 에스컬레이터를 타고 올라간다. 서울은 새벽 2시이리라. 8:15 질척거리는 길을 걸어 코스모스 호텔에 도착한다. 9:45 일행들이 나오라고 성화지만 밤늦게 케밥(Kebap)에 맥주까지 마시면 너무 부담스러울 것 같고, 내일 일정도 소화하기 힘들 것 같아 잠을 청한다. 504호실. 장중한 외관과 달리 소박하다 못해 초라한 느낌마저 드는 시설이다. 러시아인들의 검약정신이 좋다.

제2일(2014.2.8.토) 오전 4:51 화장실에 들어가 샤워를 한다. 개운하다. 모스크바는 아직 어둠에 잠겨 있다. 이번 여행에서 많은 걸 느끼고, 러시아어를 조금이라도 알고 돌아가면 좋겠다. 검소한 시설을 보며 러시아인들의 시민정신을 느낀다. 슬리퍼, 치약, 칫솔, 수건 몇 장과 샤워젤과 샴푸, 소형 비누 두 장이 전부다. 머리빗은 물론 마실 물 한 병조차 없다. 아가씨들은 특급 모델처럼 예쁘다. 동굴에서 나와 광장에 서겠다고 다짐하더니, 정말 모스크바의 붉은광장으로 왔구나. 11:27 볼쇼이 극장 앞이다. 11:40 헬로우! 미스터 마르크스. 거대한 마르크스(K. Marx, 1818-1883) 동상 앞에서 사진을 찍는다.

나는 오늘 크레믈린 구경이 아니라 이 최고 쏘비에트 의회실 구경이, 더욱 모스크바에 들어 첫날 이곳을 구경하는 것이 가장 감명 깊고 만족한 일이다. 이것은 쏘비에트에 대한 예의로가 아니다. '구라파의 양심'이라던 로망 로오랑이나 바르부스가 진작부터 쏘비에트를 지지한 것이나, 앙드레 지드가 바로 이 크레믈린 앞마당 붉은 광장에서 꼬르키의 영구靈柩 앞에서

"문화의 운명은 우리 정신 속에서 쏘비에트의 운명과 넌즈시 결탁되어 있기 때문에 우리는 쏘비에트를 옹호하는 것이다."

고백한 것은, 이 말만은 가장 진실한 바를 외치었던 것으로, 이 쏘비에트에서 자라나는 자유와 문화의 복리는 조선 같은 약소민족에게는 물론이요 나아가서는 전 인류의 그것과 이미 뚜렷하게 결탁되어 있는 것이다.

p.52.

11:52 크렘린 궁전 앞이다. 장갑을 숙소에 두고 나와 손이 시리다. 바실리 성당에 들어간다. 오후 2:10 이태리 풍의 스바로 식당에서 늦은 점심을 먹는다. 5:08 러시아의 인사동이라고 할 수 있는 아르바트를 걷는다. 빅토르 최(1962–1990)의 추모벽 앞에서 사람들이 사진을 찍고 있다. 레스토랑 무무에서 얼큰한 스프로 저

녁을 먹는다. 많이 걸어서 다리가 아프다. '무무'란 음매음매의 의성어다. 전철 타기 전에 일행들과 맥주 한잔씩 하고 숙소로 돌아간다.

제3일(2014.2.9.일) 오전 5:00 모스크바에서 이틀을 자고 깨어 보니 5시다. 서울은 11시겠구나. 일요일이라 늦잠을 자고 있을지 모르겠다. 어제는 많이 걸었다. 크렘린궁은 넓고 단단했다. 사람들은 음습한 날씨 때문인지 표정이 없었다. 1896년, 니콜라이 2세(Nikolay II, 1868–1912) 대관식에 참여했다가 갓을 벗을 수 없다고 문밖에서 광경을 지켜보았던 운미芸楣 민영익(1860–1914)과 동농東農 김가진(1846–1922)의 후예들 머리 위로 차가운 눈발이 흩어지고 있었다. 오늘은 어제처럼 춥게 다니지 말아야겠다. 반신욕을 한다. 몸이 좀 녹는다. 7:55 아침식사 시간이다. 9:48 모스크바의 하늘은 오늘도 흐리다. 한 사람 두 사람 일행들이 로비에 모인다. 10:47 메트로 1호선을 타고 모스크바 대학으로 간다. 11:17 끼이익거리는 낡은 지하철의 마찰음에도 승객들은 무심하다. 상허와 나 사이로 70년에 가까운 세월이 빠르게 지나갔음을 실감한다.

어제 저녁 내가 혼자 나가 본 붉은 'M'자는 지하철이 틀리지 않었다. 우리는 지하철을 타러 나선 것이다. 동경東京 지하철밖에 못 본 나는 먼저 깊이에 놀랐다. 지상에서 제일 깊은 데는 70척尺이라 한다. 70척을 계단으로 걸으려다가는 큰일이므로 나려가는 것, 올

> 라가는 것 모다 무시無時로 움직이고 있는 '에스카레터'다. 한 계단을 들어서 밟기만 하면 급경사로 나려간다. 정거장들은 대중의 지하궁전이란 느낌을 주도록 화려하다. 대리석의 기둥과 벽과 애국자들의 입체상, 혹은 부조浮彫로 제정시대 궁전 꾸미듯 했고, 상반上半은 창공색, 하반下半은 심록深綠의 차신車身도 고왔다. 불송이 같은 모자의 여차장, 여역원女驛員들이요, 고촉高燭의 광선과 고속의 주행은 교통이라기보다 일종 오락 같었다.
>
> p.57.

12:50 모스크바대학의 규모는 엄청나다. 오후 1:38 참새의 언덕이라는 전철역까지 눈길을 따라 걷는다. 멀리 모스크바강이 보인다. 2:32 레스토랑 무무에서 점심을 먹는다. 2:48 국립문서보관소 거리를 걷는다. 4:24 노브데비치 수도원에는 죽은 자를 위로하는 까마귀가 많이 산다. 이번 여행은 추위 속의 걷기로 요약된다. 4:57 제정러시아 외교문서보관소는 철거되고 없다. 김대중(1924–2009) 전 대통령이 박사학위를 받았다는 외교아카데미를 먼발치에서 본다.

오후 7:36 '백합'이라는 한국식당에서 루스키 스탄다르트를 마신다. 몸이 녹으니 졸리다. 러시아 생맥주는 깔끔하고 시원하다. 9:48 호텔로 돌아와 짐을 찾고 기차역으로 간다. 빠듯한 시간 속에 급히 술을 마셔 어지럽다. 11:30 삽산으로 기차를 탄다. 여행

3일째의 막이 내린다. 모스크바대학교, 국립문서보관소, 외교아카데미, 노브데비치 수도원……. 일행의 전공들이 역사라는 사실을 새삼 느낀다. 문학 전공자는 방외인 같다. 무슨 상관인가. 모르는 게 많을수록 좋다. 아는 만큼 보이는 것이 아니라 본 만큼 아는 것이다.

제4일(2014.2.10.월) 오전 5:42 기차는 숨차게 달린다. 8:24 아침 식사를 하고 객실에서 짐을 정리한다. 다들 피곤해 보인다. 9:40 네브스키 센트럴 호텔에 도착하여 체크인 중이다. 11:14 라스코리니코프가 살았던 상트페테르부르크 네브스키 대로를 걷는다. 을씨년스럽다. 카잔 성모성당에 들어가 가족들과 내가 사랑하는 사람들의 앞날에 행복이 있기를 기원한다. 피의 구세주성당 앞에 늘어선 노점상에서 나무 액자를 산다. 노점상의 막내딸이 그렸다는 액자 속의 카잔 성모성당 그림이 마음에 든다.

거리는 무섭게도 더웠다. 게다가 숨 막히는 더위, 붐빔, 가는 곳마다 석회, 건축장의 발판, 벽돌, 먼지, 별장을 빌 힘도 없는 뻬쩨르부르그 사람들의 누구나가 잘 알고 있는 독특한 여름의 악취—이러한 모든 것이 뒤범벅이 되어서, 그렇지 않아도 혼란을 일으키고 있는 청년의 얼굴을 더욱 불쾌하게 자극하는 것이었다. 시내 이 근처에 특히 많은 선술집의 참을 수 없는 냄새와 일할 시간인데도 불구하고 끊임없이 부딪치는 주정뱅이들이, 이러한 광경의 추악하고 우울한 색채를 짙게 자아내고 있었다. 짙은 혐오의 빛이 청년의 섬세한 얼굴을 스치고 지나갔다. 그런데 그는 아름다운 까만 눈에 밤색 머리를 가진 뛰어난 미남자로, 키는 중키보다 좀 크고 후리후리한 균형 잡힌 체격이었다. 그러나 그는 곧 깊은 명상이라기보다는 오히려 일종의 자기망각에 빠진 듯, 이미 주위에 있는 것을 알아보지도 않고 또 알아보려고도 하지 않고 걸어갔다. 이따금씩 그는 조금 전에 자기 자신도 시인한, 혼잣말하는 버릇 때문에 무엇인가 혼자 중얼거렸다. 그리고 이 순간, 그는 자기 생각이 혼란을 일으키고, 몸이 극도로 피로해 있음을 의식했다.—그는 거의 이틀 동안이나 아무 것도 먹지 않았던 것이다.

도스토예프스키, 함일근 옮김, 「죄와 벌」, 『도스토예프스키전집 6』(정음사, 1972), pp.5-6.

우리는 추운 겨울날, 뜨거운 더위와 허기에 지쳐서 네브스키 대로를 따라 걸었던 라스코리니코프를 떠올리며, 우연히 발견한 한국음식점에서 만둣국을 맛있게 먹는다. 데카브리스트 혁명(Decembrist revolt)이 일어났던 광장으로 온다. 해군성이 웅장하다. 진눈깨비가 내린다. 겨울 궁전 앞에 깔린 포장석들이 방사형으로 끊임없이 펼쳐지고 있다. 꽁꽁 얼어붙은 네바강은 광활하다. 표트르 대제(Pyotr Alekseyevich, 1672–1725) 공원을 지나 이삭성당 정문 앞에 온다. 오후 2:19 이삭성당 정상에서 바라본 정경은 압도적이다. 갑자기 미쓰코시三越 백화점 즉 지금의 신세계 백화점 옥상에서 이렇게 외쳤던 이상의 후예임을 느낀다. 그러나 나는 기념품 가게에서 자작나무로 만든 책갈피를 샀을 뿐이다.

이때 뚜— 하고 정오 사이렌이 울렸다. 사람들은 모두 네활개를 펴고 닭처럼 푸드덕거리는 것 같고 온갖 유리와 강철과 대리석과 지폐와 잉크가 부글부글 끓고 수선을 떨고 하는 것 같은 찰나, 그야말로 현란을 극한 정오다.

나는 불현듯이 겨드랑이가 가렵다. 아하 그것은 내 인공의 날개가 돋았던 자국이다. 오늘은 없는 이 날개, 머릿속에서는 희망과 야심의 말소된 페이지가 딕셔너리(사전) 넘어가듯 번뜩였다.

나는 걸음을 멈추고 그리고 어디 한번 이렇게 외쳐보고 싶었다.

날개야 다시 돋아라.

날자. 날자. 날자. 한 번만 더 날자꾸나.

한 번만 더 날아 보자꾸나.

이상 · 김유정, 「날개/동백꽃 외」, 『한국소설문학대계 18』(동아출판사, 1995), p.80.

오후 4:31 커피숍에 들어가 커피를 마신다. 6:15 숙소에 돌아와 잠시 씻고 저녁을 먹으러 나간다. 땅거미가 내려오는 네브스키 대로의 야경은 아름답다. 저녁은 프라네타 스시라는 식당에서 먹는다. 초밥이 나오는 속도가 느리다. 우리들이 너무 빨리 먹어서 그럴 것이다. 화장실을 가다 보니 아까부터 키스를 하던 커

플이 지금도 꼭 안고 있다. 기분 좋게 한턱내고 숙소 지하에 있는 잡화점에서 술을 사 갖고 올라와 35호실에 모여 다시 마신다.

상트페테르부르크는 아름다운 계획도시다. 이태준 역시 이렇게 말했다. ―"레닌그라드는 구라파에서 아름답고 품위 있는 도시의 하나라는 말은 들었지만 처음 오는 사람에게도 안도감을 주는 도시다. 혼자 솟은 집이 없고 혼자 낮은 집이 없다. 5, 6층이 갓진한 것과 애초에 계획도시로 길들이 곧은 것과 강물이 시내 처처에 그득 차 있는 것과 속에 사람이 살고 곁에는 조각품들이 사는, 인간과 예술의 공동주택이 많아 품위와 관상의 도시라는 것이 곧 느껴진다." 그러나 그는 이 아름다운 상트페테르부르크가 1941년 독일군과 900일간의 지옥과도 같은 공방전을 벌였던 레닌그라드였음을 잊지 않았다.

우리는 먼저 '레닌그라드 방위전防衛戰 기념관'을 구경하였다. 제정 때 서울로서 240년 전에 건설되었고, 문무양반文武兩班에 거인이 많이 난 곳으로 뾰도르 대제, 수보로브 장군, 꾸뚜쏘브 장군, 그리고 철학사 노보노솝, 문호 뿌쉬킨, 고고리, 레르몬도브들도 이곳 출생들이라는 기록에서부터 붉은 기가 제일 먼저 꽂힌 혁명도시로서의 가지가지 귀중한 자료 전시를 거쳐, 이번 독군獨軍의 완강한 포위를 끝끝내 물리쳐낸 처절참절한 주변의 제일전선과 후방시민들의 기아와 공습과 싸워온 끔찍끔찍한 사료들이 산적해 있었다. 그때 실사를 영화로 보여주는 방까지 있는데 시민들이 굶어서 얼굴들이 부은 것, 굶어죽은 사람들의 쓸쓸한 장송이 열을 이루어나가는 것, 한 집에서는 아홉 식구가 굶어죽는데 기중其中 오래 견딘 끝엣딸이, "오늘은 아버지가 돌아가셨다, 오늘은 큰언니가 죽었다." 이렇게 끝까지 써나가다가 나중에는 "인전 우리 집엔 나 하나 남았다!" 이렇게 써 놓고는 그도 죽은 것이 발견된 애끓는 일기도 실물이 진열되어 있었다.

이태준, 『소련기행 · 농토 · 먼지』, 위의 책, p.131.

제5일(2014.2.11.화) 오전 10:00 늦게 일어나 간단한 식사를 마치고 살펴보니 우리가 묵은 호텔이 과거에는 저택이었음을 알 수 있다. 핀란드역으로 간다. 레닌 동상 앞에서 사진을 찍는다. 1917년 망명 중이던 레닌(Nikolai Lenin, 1870–1924)이 이 역에 도착했을 때 얼마나 많은 군중들이 그를 환영하러 달려 나왔을까. 오후 1:25 에르미타주 박물관에 도착한다. 루브르, 메트로폴리탄과 함께 세계 3대 박물관의 하나로 손꼽히는 이 박물관을 제한된 몇 시간 안에 본다는 건 불가능하다. 아예 처음부터 3층으로 올라가서 마티스(Henri Matisse, 1869–1954)와 로댕(Auguste Rodin, 1840–1917)을 비롯한 많은 작가들의 그림과 조각을 보고, 거울의 방에 들른다. 원화를 대하는 감동이 촉박한 일정을 잡은 일행의 역사적 안목(?)을 아쉬워하는 마음으로 전이되어 안타깝지만, 다음을 기약할 수밖에 없다.

오후 2:25 맥도날드에서 늦은 점심을 먹고 수많은 정치범과 사상범들이 갇혀 있던 피터 앤 폴 요새로 간다. 막심 고리키(Maxim Gorki, 1868-1936)가 수감되어 있던 방과 고문실을 보며 내부 고발자의 운명을 생각한다. 답답해졌던 마음은 전망대에서 네바강을 바라보는 순간 스러진다. 광활하게 얼어붙은 네바강은 어둔 마음에게 그만 백기를 들라고 요구한다.

> 그러나 우리는 욕하는 일도 거의 없었다. 사람에게 무슨 죄가 있을 수 있단 말인가? 그것도 그의 모든 감정이 노동의 괴로움으로부터 억눌려서 마치 목상木像처럼 반쯤 죽어 있는 경우라면 말이다. 그러나 침묵이란 단지 이미 모든 것을 다 말해 버려서 이제는 더 이상 말할 아무런 건덕지도 없는 사람들에게만 무섭고도 괴로운 것이다. 자기의 말을 시작하지도 않은 사람들—바로 이 사람들에게 있어서는 침묵이란 그저 단순하고도 쉬운 것일 뿐이다. (……) 우리들 스물여섯은 커다란 돌집의 지하실 속에서 이 꼴로 살고 있었으며, 마치 이 집의 삼층 모두가 바로 우리들의 두 어깨 위에 세워진 것처럼 산다는 것이 괴로웠다.
>
> 고리키, 조규화 옮김, 「스물여섯 명의 사나이와 한 처녀」, 『세계단편문학전집 5』(계몽사, 1966), pp.366-367.

오후 5:50 호텔로 돌아와 근처의 중국식당에서 저녁을 먹는다. 음식은 예상보다 맛있고 맥주는 시원하다. 그런데 여기서 이상화(1989-)가 소치 동계올림픽 여자 500미터 결승전에서 우승하는 장면을 시청하니 즐겁다. 올림픽 2연패 그것도 독일의 예니 볼프(Jenny Wolf, 1979-) 같은 쟁쟁한 선수를 제치고 이룬 성적이니 대단하다. 9:10 다시 상트페테르부르크역에 돌아와 기차를 탄다. 9:37 우리 칸에 일행들이 몰려와 술을 마신다. 상트페테르부르크의 저녁 풍경과 네바강의 웅장한 얼음길을 따라 펼쳐진 건물들 그리고 에르미타주 박물관에서 본 원화들이 검은 거울로 변한 차창 뒤로 흘러간다. 내게는 아름다웠지만, 고골(N.V. Gogol, 1809-1852)에게는 추악한 욕망의 거리로 비쳐졌던 네브스키 대로의 야경이 멀리서 손을 흔드는 듯하다.

> 이 네브스끼 거리라는 건 언제나 거짓말을 한다. 무엇보다도 밤이 거리의 구석구석까지 들어차고 짙어지면서 하얗거나 크림색으로 빛나는 집 벽들이 드러나게 될 때, 도시 전체에 굉음과 번쩍이는 불빛이 넘쳐흐른다. 무수한 마차가 다리 쪽에서 몰려오고 마부가 고함을 치며 말 위에서 뛰어내릴 때, 그리고 악마가 모든 것들을 실제 모습으로 보여주기를 거부하고 램프의 불을 직접 켤 때, 네브스끼의 거리는 더욱 심하게 사람들을 속인다.
>
> 니콜라이 고골, 조주관 옮김, 『뻬쩨르부르그 이야기』(민음사, 2002), p.282

제6일(2014.2.12.수) 오전 5:00 모스크바에 도착했나 보다. 갑자기 깨우는 바람에 시계랑 양말의 행방을 알 수 없어 당황스럽다. 많이 마셨나 보다. 5:49 전철을 타고 쉐메르쩨보 공항으로 달려간다. 아직 얼굴이 벌겋다. 그리스는 어떤 표정으로 맞아 줄까. 기차 의자 커버에 프린트되어 있는 러시아 미녀가 웃으며 잘 가라고 손을 내밀고 있다. 공항 화장실에서 옷을 갈아입는다. 아침식사는 햄버거로 해결한다. 익숙해질 만하니까 러시아를 떠난다. 모든 게 그렇다. 공항은 한산하다. 특이하게도 면세점에서는 물건을 시내보다 비싸게 팔고 있다.

오전 8:40 그리스 시간은 10시 40분이다. 잠시 잠을 청한다. 멀리 수평선이 바라보인다. 그리스 여행이 끝나면 이 공항으로 다시 돌아와야 한다. 레드 와인 한잔을 청한다. 그리스 하면 조르바와 그리스 전통 악기 산투리 그리고 김장호 선생이 아크로폴리스에서 득의만만하게 웃고 있던 사진이 생각난다. 신의 나라와 비극의 메카로 각인되어 있는 그리스……. 살아 있는 느낌이길 바란다. 나는 조르바를 만날 수 있을까.

항구 도시 피레에우스에서 조르바를 처음 만났다. 나는 그때 항구에서 크레타 섬으로 가는 배를 기다리고 있었다. 날이 밝기 직전인데 밖에서는 비가 내리고 있었다. 북아프리카에서 불어오는 시로코 바람이, 유리문을 닫았는데도 불구하고 피도의 포말을 조그만

카페 안으로 날렸다. 카페 안은 발효시킨 샐비어 술과 사람 냄새가 진동했다. 밖이 추워 사람들의 숨결은 김이 되어 유리창에 뽀얗게 서려 있었다. 밤을 거기서 보낸 뱃사람 대여섯이 갈색 양피 리퍼 재킷 차림으로 앉아 커피나 샐비어 술을 들며 희끄무레한 창 저쪽의 바다를 바라보고 있었다.

니코스 카잔차키스, 『그리스인 조르바』, 위의 책, p.5.

오전 11:44 한국은 아직 새벽 4시 44분이리라. 식사가 나온다. 러시아 사람들은 밀을 좋아하나 보다. 밀밥은 깔깔하지만 씹다 보면 구수한 맛이 난다. 위에 부담이 없어 좋다. 키가 크고, 눈은 깊고, 얼굴은 작으며, 표정은 무뚝뚝한 스튜어디스들의 근엄한 서비스를 지켜보는 것도 재미있다. 눈이 부시도록 푸른 수평선……. 이제 한 시간 정도 남은 듯하다. 비행기 유리창 너머로 에게해가 보인다. 그리스는 초록빛이다.

오후 1:10 풍경화를 시원하게 그려 놓은 기차를 탄다. 아그네스 발차(Agnes Baltsa, 1944–)의 「기차는 8시에 떠나네」가 들려오는 듯하다. 덥다. 전철역마다 스테인리스로 만든 원형 기둥이 서 있고, 벽은 담홍색으로 칠해져 있다. 강렬한 느낌이 좋다. 또 현대 조각도 곳곳에 설치되어 있다. 예술을 사랑하는 나라답다. 러시아와 달리 초록빛 풀과 뜨거운 햇살이 가득한 이곳에서는 어떻게 옷을 입을까. 그리스 사람들도 두꺼운 옷을 입고 다니고 있다. 타이타니아 호텔에 도착하기 무섭게 일행들은 와이파이를 켜고 카톡을 한다. 요즘 한국인들의 전형적인 모습이다.

701호에 들어와 짐을 풀며 가족들을 그리워한다. 방에는 침대 두 개와 간이냉장고가 있다. 러시아와 마찬가지로 호텔 내부는 검소하다. 조그만 비누 두 개와 바디 샤워젤, 샴푸, 수건, 드라이어만 비치되어 있다. 그나마 실내 슬리퍼가 비치되어 있어 반가웠지만 달랑 한 개뿐이다. 창문에서 내다본 뒷골목은 예상보다 허름하다. 복장은 주로 무채색 계열이다. 여자들의 깊은 눈과 하얀 피부, 길고 높은 코는 비너스를 연상시킨다. 예쁘지만 차갑게 느껴졌던 러시아 여성들과 달리 명랑하다. 지중해성 기후 때문일까. 식당 알프스에서 바라본 동네 풍경은 평화롭다. 그리스 사람들은 잘 먹는 것 같다. 값도 싸고 양도 많다. 다만 짜서 아쉽다.

헌책방에서 책도 사고 노점상에서 껌도 사며 뒷골목을 거닌다. 그리스의 정취를 느끼고 싶어 음반 가게에서 해리스 알렉시우(Haris Alexiou, 1950–)의 CD를 산다. 2004년 아테네올림픽 폐막식에서 노래를 불렀던 가수다. 라이콘의 여왕 또는 작은 그리스라고 불리는 그녀의 깊고 허스키한 목소리는 그리스 비잔틴 풍의 노래를 영적인 차원으로 끌어올린다. 룸메이트와 길모퉁이 카페에서 꼬치를 안주 삼아 생맥주를 마신다. 오래 전부터 살았던 나라에 온 듯하다. 아카데미아 근처에 있어서 그런지 신간 서점은 물론 헌책방도 많다. 학자풍의 지식인들이 생맥주집에 앉아 담소를 나누는 모습도 보기에 좋다.

제7일(2014.2.13.목) 오전 6:59 컨디션이 조금 정상으로 돌아온 것 같다. 2층의 식당은 수학여행을 온 학생들과 아시아에서 온 여행객들로 북적댄다. 러시아에 비하면 분위기가 훨씬 역동적이다. 일행들이 나오기를 기다리다 호텔 옆에 있는 음반 가게에 가서 〈희랍인 조르바〉 OST를 9유로 약 13,000원 주고 산다. 오늘은 고대 유적지를 보러 간다. 9:45 아내랑 카톡으로 통화를 한다. 파네피스티미오 역에 진열되어 있는 모조 조각품들을 보며 우리나라의 답답하고 살벌한 지하철 풍경을 떠올린다. 오모니아 역에서 내려 아크로폴리스로 올라간다. 사진을 찍고 또 찍어도 가슴을 짓밟으며 지나가는 감동의 발자국 소리는 크다. 거인이 된 것 같다.

내려오니 아무도 없다. 길이 엇갈린 모양이다. 혼자 돌아다니다가 숙소에서 만나는 것도 좋겠다. 발길을 돌리려는 순간, 일행들이 멀리서 손을 흔들어 이방인의 고독한 일정을 즐기려던 계획은 무산된다. 아탈로스 스토아 박물관에 진열되어 있는 유물들을 보며 좀 더 일찍 오지 못했던 걸 안타까워한다. 그랬더라면 예술에 대한 환상을 오랜 세월 품지 않았으리라. 전시된 유물에는 조각의 모든 기교가 집대성되어 있다. 헤파이토스 신전의 웅장한 기둥이 떠받치고 있는 하늘은 높고 짙푸르다.

뜨거운 햇살이 마음의 그늘을 걷어 간다. 아청빛 하늘은 아고라 위로 펼쳐지고 폐허에서는 풀들이 돋아난다. 회랑을 걸으며 예술의 거장들과 맞서는 기쁨을 느낀다. 승리를 못 해도 좋다. 부딪치고 그들의 기운을 느껴 보는 것만으로도 즐겁다. 승복할 만한 상대라면 져도 후회하지 않으리라. 패배를 두려워했기에 늘 조심하고 부끄러움을 느꼈다. 이제는 어둠에서 나와야 한다. 이대로는 물러설 수 없다. 이제 너는 광장에 나가 세상 사람들에게 외쳐야 한다. "여기 이 사람을 보라!"

오후 1:55 노천카페 에르모의 의자에 앉아 푸른 하늘을 바라본다. 집시 여인들과 아이들이 다가와 장미꽃을 사라며 웃는다. 아크로폴리스를 멀리 올려다보며 마시는 생맥주 맛은 달콤하고 시원하다. 식사를 마치고 바자르로 간다. 광장에는 관광객들이 많고, 골목에는 꿀과 올리브기름을 파는 가게들이 다닥다닥 붙어 있다.

국회의사당 광장의 비둘기들은 사람을 무서워하지 않고, 큼직한 개는 늙은 철학자처럼 낮잠만 잔다. 아서라. 햇살을 막지 말라. 러시아에서 버스를 탈 때는 남자 차장이 표를 받아 특이했지만, 여기서는 표를 사고 그냥 체크하고 탄다. 국회의사당 정문에서 전통 복장을 한 군인들이 사열의식을 하고 있다. 많은 사람들이 몰려와 사진을 찍는다.

오후 6:30 리카베투스 언덕(Lycabettuss hill) 전망대에 올라간다. 한 점의 설렘도 없이 끝없이 펼쳐진 야경을 보며, 그리스인들의 수직과 수평을 향한 무한 확장 의지를 느낀다. 알프스 식당을 다시 찾은 일행은 주류파와 비주류파로 나뉜다. 9:30 오늘은 시간이

늦어 뒷골목 산책을 하지 못하겠다. 디오니소스 극장, 아크로폴리스, 아고라, 헤파이토스 신전, 아탈로스 스토아 박물관, 바자르, 리카베투스 언덕의 야경이 창문에 화면처럼 머물다 스러진다.

제8일(2014.2.14.금) 오전 6:50 꿈을 많이 꾸었다. 붉은 달을 보고, 더러운 고양이들이 우글거리는 집에 들어가 대청소를 하고, 어느 결혼식장에서는 그동안 보지 못했던 후배를 만나기도 했다. 많이 늙어 보였다. 신들의 나라에 왔지만 아직도 조악한 무의식의 세계를 벗어나지 못한 것이다. 701호 문을 잠그며 그리스 여행 사흘째를 시작한다. 가로수로 심어 놓은 귤나무에서 떨어져 뒹구는 귤들이 귀엽다. 소란스러운 식당의 아침은 오늘도 여전하다. 음반가게 레로아드(REROAD)를 다시 찾는다. 첫날 아그네스 발차의 음반을 찾는다고 했더니, 컴퓨터로 검색하고 2층 창고에 올라가서 찾아다 주는 수고를 아끼지 않았던 매니저가 반갑게 손을 흔든다. 나나 무스꾸리(Nana Mouskouri, 1934–)처럼 깔끔하고 도도하게 생긴 종업원 아가씨에게 알렉시우의 CD를 하나 더 산다. 10:10 국립고고학박물관은 아찔한 문화 충격을 안겨 준다. 견학 중인 어린이들이 '곤니치와' 하면서 손을 흔든다. 노천카페에서 먹는 카르보나라는 느끼하다.

그리스는 그라피티(graffiti)의 천국이다. 아름다운 문화 유적에도 스프레이를 뿌려 놓아 안타까웠지만, 정작 그들은 무관심하기만 하다. 어쩌면 이것이 예술의 근본정신인지 모른다. 자유, 반항, 도전 그리고 탈목적성! 흐르는 시간 앞에서 대리석 조각과 그라피티는 동격이다. 모든 것은 변한다. 무슨 등급이고 차별이란 말인가. 제2, 제3의 장 미셸 바스키아(Jean Michel Basquiat, 1960–1988)가 되기를 꿈꾸는 낙서미술의 천재들은 이렇게 외치며, 오늘도 셔터문과 벽에다 스프레이를 뿌려 대고 있는지 모른다. 오모니아역에 내려 제우스 신전으로 간다. 어제 왔던 거리는 낯설지 않다. 제우스 신전은 신들의 집이라는 명성에 전혀 어긋나지 않는다. 근대올림픽 스타디움을 둘러보고 국립공원에서 쉬다가, 대통령궁을 바라보면서 걸어간다. 저 멀리 경제 사정 악화에 항의하는 네모대가 보인다. 호텔 건너편에 있는 전통시장을 구경한다. 사람들이 사는 모습은 어디나 똑같다.

오후 7:00 저녁식사를 하러 내려오니 로비에 각국 사람들이 모여 담소하고 있다. 티모카타 로고스 식당에서 식사를 한다. 주류파들은 남아 그리스 소주라고 할 수 있는 라키(raki)를 마시고, 그것도 모자라 라이브 카페로 들어간다. 그리스의 청춘남녀가 모여 선동 음악을 들으며 술을 마시고 박수를 치고 있다. 그리스의 하루는 다시 이렇게 저문다. 고대 예술부터 그라피티까지 보면서 예술에는 어떤 절대나 전형이 없음을 확인한다. 미술학원에서 아그리파 석고상을 몇 년 그려야만 미술대학에 가는 줄 알고 있었던 지난날이 슬프다.

제9일(2014.2.15.토) 오전 6:47 하루 남은 여행이다. 터에는 뱃

루지가 돋고, 룸메이트는 밤새 화장실을 들락거리더니 눈이 다 퀭하다. 여행이란 잘 짜인 일정과 팀원들의 단합 그리고 강인한 체력을 필요로 한다. 헤밍웨이가 스콧 피츠제럴드(Fransis Scott Fitzgerald, 1896-1940)와 여행을 하고 돌아와 아내에게 이렇게 불만을 털어놓던 장면이 떠오른다.

> "스콧은 전혀 행복하지 않았나 보죠?"
>
> "아마 그랬을 거야."
>
> "불쌍한 사람이군요."
>
> "난 중요한 걸 한 가지 깨달았어."
>
> "그게 뭔데요?"
>
> "좋아하지 않는 사람과는 절대로 함께 여행하면 안 된다는 거."

어니스트 헤밍웨이, 『파리는 날마다 축제』, 위의 책, p.194.

오늘은 에게해를 보러 간다. 8:30 신테그마역에서 트램(tram)을 기다린다. 어떤 할머니에게 자리를 양보했더니 '아리가토!'라고 한다. 일본어는 이제 국제어가 되었나 보다. 바다는 쪽빛으로 빛난다. 돌멩이 한 개를 주워 물수제비를 떠 본다. 발을 담그고 앉아 수평선을 바라본다. 오후 1:30 식당에 들어가 치킨과 카이저 맥주를 시킨다. 2:00 다시 신테크마역으로 가는 트램을 탄다. 나머지 일행은 바다를 더 보겠다고 반대편 선로 쪽으로 간다. 3:15

역에 내려 재래시장을 구경한다. 같이 내린 동료는 장인에게 드릴 모자를 사고, 나는 빈티지숍에서 가죽조끼 두 벌을 산다.

오후 7:00 로비에 들어오니 일행들이 돌아와 기다리고 있다. 우리처럼 아기자기하게 쇼핑한 사람도 없나보다. 노천카페에 들어가 꼬치 안주에 미토스 맥주를 시켜 마시고 어제 들렀던 라이브카페 페르디우(perdiou)로 다시 간다. 오랜만에 흥이 올라 악사 영감에게 희랍인 조르바 주제곡을 신청하고, 코리안 조르바가 되어 춤을 춘다. 여기저기 환호가 들려온다. 조르바여, 그대는 어디 있는가.

제10일(2014.2.16.일) 오전 12:10 마지막 밤이다. 어제 함께 돌아다녔던 동료와 호텔 근처의 선술집에 들어가 마지막 밤을 아쉬워하며 스모키드 비어를 마신다. 나중에 들으니 간이냉장고에 있던 캔맥주를 두 병이나 더 마시고 잤다고 한다. 기억이 없다. 블랙아웃이다. 카타르시스(katharsis)라는 단어를 산출한 나라에 온 보람을 느꼈던 것일까. 8:00 로비에 나와 일행을 기다린다. 신테그마역까지 걸어가서 공항버스를 탄다. 공항버스는 우리 것보다 두 배 정도는 길다. 니코스 카잔차키스(Nikos Kazantzakis, 1883–1957) 덕분에 통쾌했던 그리스 여행이다.

어젯밤 페르디우에서 춤을 추자, 박수를 치며 좋아하다가 끝내는 달려와 끌어안던, 이름 모를 그리스의 젊은이들이 차창 속으로 사라진다. 10:25 아내와 승원이는 지금 외출했다가 점심이라

2008. 2. 19

도 먹고 돌아오겠구나. 인천공항에 도착하기까지 24시간 남은 셈이다. 공항으로 가는 길에서 활짝 핀 벚꽃이 손을 흔든다. 12:44 아에로플로트 SU2111에 탑승한다. 좌석은 24E. 덥다. 그러나 쉐메르쩨보 공항에 내리면 추울 테니 조금만 참기로 한다. 모스크바가 보인다. 하얗다.

오후 6:35 스탠바이 중이다. 비행기 SU250으로 이동하는 버스에는 술 취한 한국인들이 많다. 소치올림픽을 관전하고 돌아가는 2018 평창 동계올림픽 관계자들인 모양이다. 추한 한국인! 결국 이들 중 한 명의 방약무인한 태도와 취중방담을 못 참고, 어느 신문기자가 이 추태를 내일 아침에 기사로 싣겠다고 으름장을 놓자 그제야 조용해진다. 화장실에 다녀오다가 잘하셨다고 그의 어깨를 두드려준다. 9:15 출발!

제11일(2014.2.17.월) 오전 7:55 목도 마르고 발도 아파 일어나 뒤쪽의 화장실로 간다. 일행들이 서 있다. 9:00 아침식사는 너무 달다. 얼른 내려서 냉면이나 한 그릇 먹었으면 좋겠다. 이제 두 시간 30분 정도 가면 된다. 승무원들 가운데는 나이 든 아줌마도 많다. 11:00 좀 더 여유 있게 내려도 좋으련만 성미 급한 사람들은 오늘도 우르르 일어나 짐칸을 열어젖힌다. 제집이 그리웠던 것일까. 아니면 고향에 돌아오니 너무 좋아서 그런 것일까. "선생님, 내리시죠." 뒤에 앉았던 일행들이 일어서며 어깨에 손을 얹는다.

2014.02.20.

일탈을 향한 도발

작년과 재작년의 사진을 보니 내 얼굴이 아닌 듯하다. 살이 찐 것이 아니라 부었다고 해도 과언은 아니다. 왜 그랬을까. 운동도 하지 않고 누워서 책만 읽고, 먹고 또 먹었기 때문이리라. 불만이 었나 보다. 세상과 타협하기 싫다면서 자신을 속였구나. 좀 더 솔직하게 살자. 참지 말자. 그래, 그게 좋겠다. 만나기 싫으면 만나지 말고, 보고 싶으면 보자.

김지원(1942–2013)의 단편을 보면 암울해진다. 너무 힘들게 글을 쓴다. 누군가를 끊임없이 의식하면서 쓴 것 같다. 숨 막히게 살았는지 모른다. 혹시 파인巴人 김동환(1901–1958)과 최정희(1912–1990)는 딸의 여윈 가슴에 평생토록 무거운 바위를 얹어 놓은 부모는 아니었을까.

자신의 인생은 가식과 방어로 일관해 온 것 같았다. 어른임이 분명한데도 언제나 모친을 의식하는 아이같이 느꼈다. 우울하고 실망하고 비참해 있으면 이 행복이 사라지지 않을 것 같아, 입을 다물고

쏘아보는 듯한 눈을 하고 벗은 드레스는 마치 쓸모없는 짚단이기나 한 듯 아무렇게나 옆에 끼고 진주는 일행에게로 걸어갔다.

김지원, 「폭설」, 『김지원소설선집 1』(작가정신, 2014), pp.76-77.

고양이가 운다. 현관문을 열고 베란다에 나가 본다. 현관 앞으로 고양이 한 마리가 달려간다. 자신을 향한 적의를 느꼈던 것일까. 김지원의 관찰력은 고양이의 노르께하고 몽롱한 눈동자 같다. 보이지도 않고 들리지도 않는 적을 향해 어느 틈엔가 갈기를 세우는 고양이의 감각……. 여성 작가이기 때문에 그런 것일까. 치밀하고 자학적인 느낌의 작품이 많다. 조용히 손톱을 물어뜯거나, 아무도 모르게 입술을 이빨 사이에 밀어 넣고 피가 배어나도록 무는, 그런 느낌을 즐겼던 작가 같다.

이 남자를 내가 무서워하면서도 여기에서 친절을 보이는 것은 마음속에서 어딘가 안심스러운 사람이라고 생각하고 있으며 괜한 사람을 무서워하는 데 대한 미안함? 자동차에 치어 죽어가면서도 그 운전수에게 미안해할 것 같다고 무조건적으로 흐르는 자기 선의에 대해 평소 경계했는데, 지금도 혹시 주제넘은 선의에 넘치는 경우?

여자는 무례한 느낌을 무릅쓰고 훌쩍 일어났다.

"내일 나오지요. 바이."

바이는 아이에게 했다.

영원한 굿바이.

김지원, 「비」, 『김지원소설선집 3』(작가정신, 2014), p.32.

김지원은 일탈을 향한 여인의 보일 듯 말 듯한 흔들림을 삭은 쇳줄에 매달린 그네처럼 아슬아슬하게 표현한다. 그것은 유혹을 기다리는 여인의 하얀 매니큐어를 칠한 발톱 같고, 꽁꽁 처맸는데도 붕대 위로 배어 나오는 붕대의 핏물처럼 처연하다. 그녀는 이민 생활의 피로에 젖어 권태의 늪에 빠져 버린 자신을 건져 올리기 위해 그런 도발을 준비했는지도 모른다. 안으로 삭이지 않고 글을 썼더라면 어떤 작품을 남겼을지 궁금하다. 2014.02.26

증오의 대물림

학대를 일삼는 아버지 밑에서 자란 소년들 중 일부도 이와 같은 교훈을 얻는다. 학대당한 소년 중 절반은 자라서 그 역시 자식이나 배우자나 자신의 부모를 학대한다. 그들은 아마도 자신을 학대를 가하는 자와 동일시해서 그 학대를 대물림하는 듯하다. 반면 나머지 절반은 학대받는 쪽과 동일시해서 공격성을 버리고 동정심을 택한다.

필립 짐바르도, 이충호 · 임지원 옮김, 『루시퍼 이펙트』(웅진지식하우스, 2007), pp.238-239.

어려서 부모의 학대 속에서 성장한 사람들은 의식적으로 나는 절대 그렇게 하지 않겠다고 맹세하지만, 막상 자녀와 마찰이 생겨 흥분 상태가 되면 유년 시절 학습되었던 폭력 성향이 무의식적으로 튀어나온다. 증오심은 절벽으로 굴러 떨어지면서 점점 세차게 타오르는 불덩어리와 같다. 어제도 아내에게 소리를 쳤다. 야비하고 거친 인간이다.

나는 왜 누가 기대면 송충이가 몸에 달라붙기라도 한 것처럼 기겁을 하는 것일까. 도움을 받으며 살아야 했던 자신에 대한 혐오감 때문인가. 동정을 구걸했던 자신을 용서하지 못하듯이, 타인들에게도 매몰차게 대하는 나를 종종 발견하곤 한다. 아내는 남편을 잘못 만났다. 나는 존중받고 칭찬을 받았던 소년이 아니었다. 동정을 받을 때마다 마음속으로 복수의 칼날을 갈았던 불온한 소년이었다.

2014.04.11.

길이 아니면 가지 말라

와사 씨는 말한다.

벌거숭이 나라에는 실, 비단을 파는 저자가 없고, 살아 있는 것을 잡아 날것으로 먹던 시대에는 솥을 팔지 않았다. 수요가 있어야만 파는 자가 생기는 것이다. 큰 대장장이의 문 앞에서는 칼이나 망치를 선전하지 못하고, 힘써 농사짓는 집에는 쌀 행상이 지나가면서도 소리치지 않는다. 자기에게 없는 다음에라야 남에게 구하는 것이다.

이옥, 실사학사 고전문학연구회 옮김, 『그물을 찢어버린 어부』(휴머니스트, 2009), p.350.

「유광억전柳光億傳」에 나오는 대목이다. 유광억은 과거 답안지인 시권試券에 쓸 문장을 구상하는 거벽巨擘이다. 이 작품은 남보다 뛰어난 문장력을 가지고 있었으나 과거를 볼 수 없어서, 오늘날로 말하면 대필 작가로 살다가 죽은 인물의 이야기다. 처음부터 원인을 만들지 않으면 결과도 없다는 이야기인 셈이다.

길이 아니면 가지를 말라. 조용히 책을 읽고, 말조심하고 행동

바르게 하고, 조금은 고독하게 지내라. 무엇이 어려운가. 남의 눈의 티끌은 보면서도 자기 눈의 대들보는 보지 못한다는 말은 결코 틀리지 않다.

2014.05.12.

살아 있음의 기적

여기서 그는 고달팠던 자기의 전 생애를 돌아보았다. 어떻게 여태까지 그 무서운 중압을 견디어 낼 수 있었을까? 그가 그것을 견디어 온 것은 그래도 장래에 대한 희망이 안개 속의 작은 별처럼 보였기 때문이었다. 죽지 않고 사노라면 좀 더 좋은 일도 있을는지 모른다……. 아니 반드시 있어야 할 것이다……. 그러나 이제는 끄트머리에까지 와버렸다. 희망도 기대도 영영 사라지고 만 것이다.

그러나 그의 마음은 어두워지고, 그 어둠 속에서 깊은 밤중 광막한 초원에 일어나는 폭풍우처럼 분노가 휘몰아치기 시작했다. 그는 지금 자기가 어디 있는지, 누구 앞에 있는지 그것조차 잊고 있었다. —자기 자신의 분노 이외에는 모든 것을 잊고 있었던 것이다.

코롤렌코, 이동현 옮김, 「마카르의 꿈」, 『세계단편문학전집 5』(계몽사, 1966), p.298.

살아 있음이 고맙다. 가족사를 복원하며 부모와 조부의 애환도 알았고, 진짜라고 믿고 의지했던 것들이 허구임을 깨달으니 더욱 그렇다. 낯선 경험을 두려워하지 않기로 했다. 지난날의 내가 보인다. 마카르처럼 죽은 다음에 알게 되지 않아 기쁘다. 총을 맞고 죽음을 기다리는 병사의 내면을 그린 가르신(V.M. Garshin, 1855-1888)의 「나흘 동안」 또한 실감나는 작품이다.

> 이웃은 이날 종일, 이루 말할 수 없는 처참한 모습이 되고 말았다. 한 번 슬쩍 보려고 눈을 떴다가, 나는 몸서리쳤다. 사나이에게는 얼굴이 없었다. 뼈에서 밀려 내린 것이다. 나도 몇 번이나 두개골을 손에 잡아본 일이 있고, 머리의 표본을 여러 개 만든 일이 있지만, 이 무서운 해골의 웃음은, 영원한 웃음은, 여태까지 느끼지 못한, 기분이 나쁘고 추악한 것으로 느껴졌다. 반짝이는 단추가 달린 군복 차림의 이 해골은 나를 몸서리치게 했다. (이것이 전쟁이다.) 나는 생각했다. (이것이 전쟁의 그림이다.)
>
> 가르신, 함일근 옮김, 「나흘 동안」, 『세계단편문학전집 5』(계몽사, 1966), pp.309-310.

아직도 팽목항 앞바다에 잠겨 있는 세월호 안에는 16구의 시체가 남아 있다. 이 사건이 일어난 지도 어느덧 40여 일……. 아, 더 이상 형태를 알아볼 수도 없으리라. 성게, 문어, 멍게 등이 들러붙어 흡반으로 빨고, 쥐치나 우럭 등이 날카로운 이빨로 살점을 물어뜯으리라. 우리가 어찌 살아남은 부모들의 심정을 헤아릴 수 있겠는가. 가르신의 묘사력은 놀랍다. 죽음을 기다리는 자기 옆에서 제 손으로 죽인 적의 시체가 썩어 문드러지고 있다. 무서운

일이다.

그러나 죽음은 찾아들지 않고 나를 잡아가려고도 하지 않는다. 나는 이 무서운 태양 밑에 쓰러져 있다. 나에게는 타는 목을 축일 한 모금의 물도 없다. 송장 냄새가 내 몸에 배기 시작한다. 시체는 완전히 썩어 부어 있다. 무수한 구더기가 시체에서 떨어진다. 우글거린다! 시체가 다 먹히고 뼈와 군복만이 남으면, 이번에는 내 차례다. 나도 저런 모습이 될 것이다.

p.310.

체험의 힘이다. 시시각각으로 부패하는 시체를 목격하였기에 쓸 수 있었으리라. 체험이 빈곤해서 소설가가 될 엄두조차 내지 못했다. 좁은 의식의 공간에서 살았기에 쓸거리가 많지 않았다. 그러나 경험을 다하고 난 다음에 글을 쓰는 작가는 과연 몇 명이나 될까.

2014.05.27

답 없는 답

그녀의 감각은, 혼수에 빠져 땅에 묻혀서 육체의 끄나풀에 얽혀 매인 채 머리 위에서 모래를 끼얹는 삽질의 은근한 소리를 듣는 사람의 감각과 비슷했다.

에밀 졸라, 정명환 · 박이문 옮김, 『나나 · 테레에즈의 비극』(정음사, 1967), p.473.

격이 다르다. 읽어야겠다. 읽고 싶다. 읽지 않으면 안 된다. 매번 이렇게 어금니를 깨물어 보지만, 실천은 굼뜨기만 하다. 각오와 실천의 간극을 얼마나 좁힐 수 있는가에 따라 인격은 결정된다. 주위에 헛된 약속을 하면서 살아가는 사람들이 적지 않다. 다짐을 자주 하다 보면 실행한 것 같은 착각에 빠지고, 나중에는 진짜로 착각하기도 한다. 나 역시 예외는 아니었다. '지금' '여기'가 중요하다. 오랫동안 과거에 포획당한 가운데 가난을 변명 삼아 비도덕적 행동도 서슴지 않았던 자신을 철저하게 탄핵할 필요가 있다.

두 애인은 이미 각별히 서로 만나려고 애쓰지 않고 있었다. 그들은 결코 밀회를 정하지 않았으며, 절대로 슬쩍 키스하지도 않았다. 학살사건이 당분간 육체의 욕망을 진정시켜 놓은 듯했다. 그들은 까미유를 살해함으로써, 서로 팔 안에 꼭 끼어 안아도 채우지 못했던 극성스러운 육욕을 만족시키기에 이른 것이다. 범죄는 그들에게 그들의 포옹에 구역과 싫증을 느끼게 하는 강한 환락과 같이 생각되었다.

p.416.

금기의 벽 앞에 서 있을 때 욕망은 타오른다. 에로티즘은 죽음까지 파고드는 삶이다. 아침신문을 보니 이 작품을 번역한 박이문(1930-)이 하얗게 늙어 "인생의 답 찾아 평생 헤매었지만 결국 답이 없다는 답을 얻었다."라고 말하고 있다. 사람은 킬리만자로의 표범처럼 정상을 향해 기어오르다 얼어 죽을 때 가장 행복할지 모른다.

2014.07.14

마음의 감옥

"선생님, 요새 왜 사람들을 안 만나세요?"

"글쎄……. 나는 지금 너를 포함해서 모든 사람들을, 아니 나부터 검토하고 있단다."

"왜요?"

"지금까지 잘못 산 것 같아서 그렇다."

오후 3시 20분. 손발이 퉁퉁 부었다. 그날 제자 전한성 군은 더 이상 묻지 않았다. 강의할 때만 학교에 나오고, 웬만하면 집에 파묻혀 책만 읽는 선생이 걱정스러웠나 보다. 마당에 나가 펀칭볼이라도 쳐야겠다. 날은 무덥다.

텅! 공이 허리를 잔뜩 젖혔다가 달려든다. 텅텅텅! 언제인가부터 얼굴빛을 바꾼 사람들, 그리고 한때는 사랑했던 사람들의 낯선 얼굴이 다가온다. 아직도 분노의 불길이 남았구나. 슬픈가? 텅텅! 분한가? 그렇다. 텅텅! 이런 진공 속의 나날이 두려운가? 아니다. 단절도 새로운 경험이다. 두려워하지 않는다. 궁극의 눈으로, 순수한 눈으로, 어린아이의 눈으로, 아담의 눈으로, 원시인의 눈으로 세상을 보고 싶다. 터어엉~! 입도 눈도 없는 펀칭볼을 두 손으로 움켜잡는다. 땀이 난다.

> 예술은 예술가의 난국을 벗어나기 위한 수단이 아니다. 예술가가 되는 것은 실패하는 것이며, 그런 실패를 받아들이는 것이 바로 그가 성공하기 위한 주된 동기였다.
>
> 제임스 로드, 신길수 옮김, 『자코메티』(을유문화사, 2006), p.32.

실패를 두려워해서 예술 대신 생활을 선택했고, 외로워서 사람을 찾았다. 그러나 모든 것은 죽음 앞에서 평등하다. 예술도, 학문도, 우정도, 사랑도 죽음으로 완성된다. 비라도 한 줄기 쏟아졌으면 좋겠다. 두려웠던 것일까. 그랬다. 지붕에서 떨어져 다리가 부러졌다는 걸 알면서도 인정하기 두려워 꼼짝하지 않고 엎드려 있는 사람처럼 살았다. 이제는 솔직해야 한다. 살을 찢고 고름을 짜내야만 한다. 자코메티(Alberto Giacometti, 1901–1966)의 작품은 모든 존재, 모든 사물의 고독에 대한 깨달음이라는 순수한 지점에 이르고 있다고 지적했던 장 주네(Jean Genet, 1910–1986)의 말은 옳다. 인생이란 실패로 이루어지는 것이다.

마침내 폭우가 쏟아진다. 이층에 올라가 실내 자전거나 타야겠다. 그런데 이렇게 살다 보면 단 한 사람도 옆에 남지 않게 되는 것은 아닐까. 괜찮다. 교감도 예의도 상호 발전도 존경심도 없는 만남은 필요 없다. 어두컴컴하고 축축한 나의 동굴, 이 작은 방을 박차고 나갈 때까지 끝까지 밀고 나가자. 침묵은 혁명이고, 단절은 부활이다. 눈을 감고 살아온 지난날이었다. 눈을 떠라. 비약과 성숙은 반성과 회한의 눈물을 먹고 자라는 나무다.

> 예를 들어 비독은 추측도 잘하고 인내심도 강한 사람이네. 그러나 사고하는 것을 배우지 못했기 때문에 조사가 면밀할수록 계속 실수를 했네. 그는 대상을 너무 가까이 두었기 때문에 잘 볼 수 없었던 것이지. 아마 한두 가지는 매우 분명히 볼 수 있겠지만 그렇게 하면 필연적으로 사물을 전체적으로 볼 수 없네. 진리는 늘 한 우물에만 있는 것은 아니지. 사실 중요한 지식을 보더라도, 그건 언제나 피상적이라고 믿고 있네. 심원한 것은 진리가 있는 산 정상이 아닌 진리를 찾는 과정에 놓여 있지.
>
> 에드거 앨런 포, 홍성영 옮김, 「모르그가의 살인」, 『우울과 몽상』(하늘연못, 2010), p.433.

당연한 것은 보이지 않는다. 배신감과 소외감에 몸을 떠는 것은 나는 나라는 객관적 인식에 도달하지 못했음을 의미한다. 모든 것은 변한다. 나는 변하면서 변하지 않는 너 때문에 외롭다면, 나는 변하지 않으면서 변하는 너 때문에 괴롭다면, 그건 피를 피로 씻는 어리석음에 다름 아니다. 어떤 현상이나 사실에 친숙해져 버린 눈에는 '속임수'가 속임수로 보이지 않는다. 사람들은 가까이 있는 문제에 대해 너무 깊게 아니면 너무 얕게 생각하면서 실수를 범한다. 나 역시 상대방에게 자신의 소망과 불안을 투사하면서 그걸 사랑이고 우정이라고 착각했다.

> 우리들은 어렸을 때에 이 세계를 어떻게 보았던가. 정직하게 고백하기로 하자. 그것은 때로는 틀림없이 밝고도 절실한 꿈꾸는 눈초리였다. 괴테를 아는 사람은 가끔 그의 위대한 눈을 빌어서 쳐다보았다. 그러나 대체로는 자기 소유도 되지 못하고 그렇다고 정확한 것도 아니었다. 노도와 같은 감정의 물결은 조용한 관조를 휩쓸었다. 우리들은 선대로부터 계승한 것에 손을 대거나 그것을 변화시키는 이상으로 발전하는 일은 드물었다. 피조물 즉 생명체의 참다운 모습을 알려면 낫살이나 먹지 않으면 안 된다.
>
> 한스 카로사, 김성진 옮김, 「성년의 비밀」, 『세계문학전집 5』(동아출판사, 1959), p.398.

산은 산이고, 물은 물이다. 무엇이 외로워 남의 마음과 육체를 탐했던가. 습기濕氣다. 샤워를 한다 책상에 앉아 비 내리는 오후의 풍경을 바라본다. 너무 이기적이고 주관적이었구나. 자신은 여전히 그 자리에 머물러 있으면서 너무 많은 걸 기대했고 요구했다. 그러면서 인간은 바뀌지 않는다고 비난했다.

사람과 상황은 역동적인 상호관계 속에 놓여 있다. 여러분은 자신이 언제나 일관적인 성격을 가지고 있다고 믿겠지만, 아마도 사실이 아닐 것이다. 우리는 혼자일 때와 여러 사람 사이에 있을 때 같은 사람이 아니다. 낭만적인 상황일 때와 긴급한 상황일 때 가까운 친구들과 함께 할 때와 낯선 군중 속에 있을 때 역시 각기 다른 모습을 보일 것이다.

필립 짐바르도, 『루시퍼 이펙트』, 위의 책, p.31.

사람은 천사와 악마의 얼굴을 동시에 갖는다. 인간은 수시로 변한다. 상황의 압력 속에서 변할 수밖에 없는 인간을 기질적 특성으로 평가하는 건 어리석다. 그런데 의리나 우정, 사랑 같은 추상명사를 잣대로 내세우고 사람들을 가늠했으니, 제풀에 지쳐 좌절하고 분노할 수밖에 더 있었겠는가. 대학원에 다닐 때 원형비평에 열중했던 탓일까. 원형을 신봉하는 자가 상황의 힘에 영향을 받는 인간을 이해하기란 어렵다. 순진하다고 웃어 버리기에는 너무 심각한 어리석음을 나만 깨닫지 못하고 있었다. 역사에 흥미를 느끼고 조금씩 공부하기 시작했던 것은 그나마 다행이었다. 스탠포드 모의감옥 실험으로 유명한 심리학자 필립 짐바르도(Philip Zimbardo, 1933–)의 말은 손톱 밑을 찌르는 가시 같다.

우리는 인간에게 본질적이고 불변하는 선이 깃들어 있으며, 그 선은 외부의 압력에 저항하고 상황의 유혹을 합리적으로 평가하고 거부할 수 있는 힘을 가지고 있다고 믿고 싶어한다. 우리는 인간 본성에 신과 같은 속성을 부여한다. 우리는 우리를 공정하고 현명하게 만드는 도덕적, 합리적 능력을 갖추고 있다고 믿는다. 선과 악 사이에 침투할 수 없는 단단한 경계를 세워 놓음으로써 복잡한 인간 경험을 단순화한다. 그 경계의 한쪽에는 우리, 친족, 나와 같은 부류의 사람이 있고, 반대편에는 그들, 그들의 친족, 나와 다른 종류의 사람들이 있다. 그런데 역설적으로 우리가 상황의 힘에 영향을 받지 않는다는 신화를 창조해 놓음으로써 우리는 상황의 힘에 충분한 경계와 주의를 기울이지 않고 그 결과 우리 자신을 위험에 빠뜨린다.

p.340.

너무 깊거나 너무 얕지 않게! 과유불급의 교훈은 유효하다. 이제는 상황이 개인이나 집단은 물론 국가 지도자들의 행동적·심적 활동에 예상보다 훨씬 많은 영향을 미친다는 사실을 인정하면서 살기로 하자. 장 스타로뱅스키는 사회적 인간은 자율적 존재가 아니라 상대적 존재이므로 혼자서는 채울 수 없는 새로운 욕망을 끊임없이 만들어 낸다고 말한다.

외판의 인간에게는 오직 수단뿐이며 그 자신은 한갓 수단으로 환원되어 버렸다. 무엇을 욕망하든 즉각적으로 채워질 수 있는 것은 없으며, 상상과 인위적인 것을 거쳐야만 한다. 타인들의 의견, 타인들의 노동이 필수 불가결해졌다. 사람들이 이제 자신의 '진정한 필요' 대신 허영이 빚어낸 필요를 충족하려고 하므로 한결같이 자기 밖에서, 자신과 다른 존재로 머물고, 서로가 서로의 노예가 될 것이다.

장 스타로뱅스키, 『장 자크 루소 투명성과 장애물』, 위의 책, p.65.

타인을 소유하려고 하는 것처럼 어리석은 일은 없다. 죄수들을 감시하고, 그들이 탈주하거나 배신할까 봐 두려움에 떠는 간수는 문밖에 있는 노예일 뿐이다. 나는 정을 준 것이 아니라 정을 갈구했던, 그리하여 자신이 만든 마음이라는 감옥에 갇혀 있던 죄수였다.

이제 다시는 편지를 쓰지 않겠다. 누군가에게 자신이 변해 가고 있다는 걸 무엇 때문에 알려야 하는가? 내가 변하면 과거의 내가 아니다. 나는 지금까지와는 다른 무엇이다. 그러니 이제 내게는 아는 사람이 없는 게 당연하다. 낯선 사람들에게, 나를 모르는 사람들에게 편지를 쓸 수야 없는 것이지.

라이너 마리아 릴케, 『말테의 수기』, 위의 책, p.12.

사랑은 투사가 아니고 교감이다. 진정한 사랑은 소유하지 않는다. 변하면서 존재한다. 정중동의 미학이다. 오류는 우리가 판단

을 하기 때문에 일어날 뿐임을 잊지 말자. "이 세상의 강자가 가한 모욕에 대하여 모차르트는 어떠한 무기를 가졌을까? 더욱 아름다운 음악을 작곡하는 이외에는 아무 도리가 없었다." 한스 카로사(Hans Carossa, 1878–1956)의 말은 옳다. 비가 그치고 있다.

2014.07.26.

변소, 화장실, 해우소

정릉 배밭골에 살았던 어린 시절, 세입자들이 낸 청소비를 집에서 쌀값으로 써 버리고 말았다는 사실을 아는 순간부터 변소는 치욕의 공간으로 다가왔다. 나날이 쌓여 가는 똥 무더기가 엉덩이를 찌르게 되었는데도 아무도 치우는 사람이 없었다. 초조했다. 저걸 어떡하느냐고 안달을 냈지만, 작은형은 내버려 둬, 어른들이 알아서 하겠지, 하면서 네가 웬 상관이냐는 듯 째려볼 뿐이었다.

겨울밤이면 어린 동생들을 데리고 나가 문 앞에 세워 놓고 일을 보던 큰형의 횡포(?)나, 엉덩이가 시려 신문지나 휴지를 한 장씩 태워 가며 일을 보던 기억은 차라리 그리운 추억이었다. 빨간 손과 파란 손 이야기나 달걀귀신 이야기는 언제 들어도 짜릿한 괴담이었다. 아무도 나서는 사람은 없었다. 할 수 없다. 나는 부삽을 들고 뒷마당에 쓰러질 듯 서 있는 변소 문을 벌컥 열었다

가령 저 유명한 '방관자 효과'도 이렇게 나타난다. 많은 사람이

어떤 사고나 싸움을 목격할 때는 그중 거의 아무도 도우려고 나서지 않는다. 그 구경꾼 중 누구도 이 순간 무엇이 올바른 반응인지 자신할 수 없기 때문에 모두 서로를 보며 정위定位(orientierung)하려고만 하기 때문이다. 그런데 아무도 이 상황에 반응하지 않는 것처럼 보이므로, 모두 그냥 서서 구경하게 된다. 아무도 돕지 않는다. 하지만 (언론에서 보통 논평하듯이) '몰인정'해서가 아니라 정위가 불가능하기 때문이며, 서로의 방임을 확인하는 치명적 과정이 일어나는 탓이다. 거기에 관여된 사람들은 공동의 프레임을 만들어내고, 그 안에서 결정을 내리는 것이다. 반면 비슷한 상황에 직면했을 때 혼자 있다면 대개 오래 생각하지 않고 바로 개입한다.

죙케 나이첼 · 하랄트 벨처, 김태희 옮김, 『나치의 병사들』(민음사, 2014), p.23.

사람들은 비겁하다. 아니 상황의 압력에 굴복하는 한 그럴 수밖에 없다. 나 혼자 떠든다고 세상이 바뀌겠느냐, 계란으로 바위 치는 격이니 그만두자고 변명하면서 서로의 방임에 안도한다. 그래서 나라가 망하는데도 백성들은 침묵했고, 물이 턱밑까지 차오르는데도 가만히 있으라는 말만 믿다가 어린 학생들이 속절없이 죽어 갔는지 모른다. 다시 있어서는 안 될 최악의 방관자 효과다. 내부 고발자로서의 삶은 변소 문을 열어젖히던 그날부터 시작되었는지 모른다. 다니자키 준이치로처럼 아름다운 변소의 추억을 갖지 못한 것을 슬퍼한다.

나는 교토京都나 나라奈良의 사원에 가서, 고풍스럽게 어둑어둑한 그러면서도 깨끗이 청소된 변소로 안내될 때마다, 정말로 일본 건축의 고마움을 느낀다. 다실도 좋기는 하지만, 일본의 변소는 참으로 정신이 편안해지도록 만들어져 있다. 그것들은 안채에서 떨어져, 신록의 냄새나 이끼 냄새가 나는 듯한 정원의 나무와 수풀 뒤에 마련되어 있고, 복도를 지나서 가게 되는데, 그 어둑어둑한 광선 속에 웅크리고 앉아, 희미하게 빛나는 장지의 반사를 받으면서 명상에 잠기고, 또는 창밖 정원의 경치를 바라보는 기분은 뭐라 말할 수 없다. 나쓰메 소세키 선생은 매일 아침 변을 보러 가는 것을 하나의 즐거움으로 꼽고, 그것은 차라리 생물학적 쾌감이라 말했다는데, 그 쾌감을 맛보는 이외에도 한적한 벽과 청초한 나뭇결에 둘러싸여, 푸른 하늘이나 신록의 색을 볼 수 있는 곳은 일본의 변소만큼 알맞은 장소가 없다. 그리고 그곳에는, 거듭 말하지만, 어느 정도의 옅은 어두움과, 철저히 청결한 것과, 모기 소리조차 들릴 듯한 고요함이 필수 조건인 것이다. 나는 그런 변소에서 부슬부슬 내리는 빗소리 듣는 것을 좋아한다. 특히 간토關東의 변소에는 벽면 맨 밑바닥에 길고 가는 창문이 붙어 있어, 처마 끝이나 나뭇잎에서 방울방울 떨어지는 물방울이, 석등의 지붕을 씻고 징검돌의 이끼를 적시면서 땅에 스며드는 촉촉한 소리를 한결 실감나게 들을 수 있다. 실로 변소는 벌레 소리에 새 소리에 잘, 달밤에도 또 어울리게, 사계절의 때마다 사물이 드러내는 것을 맛보는데 가

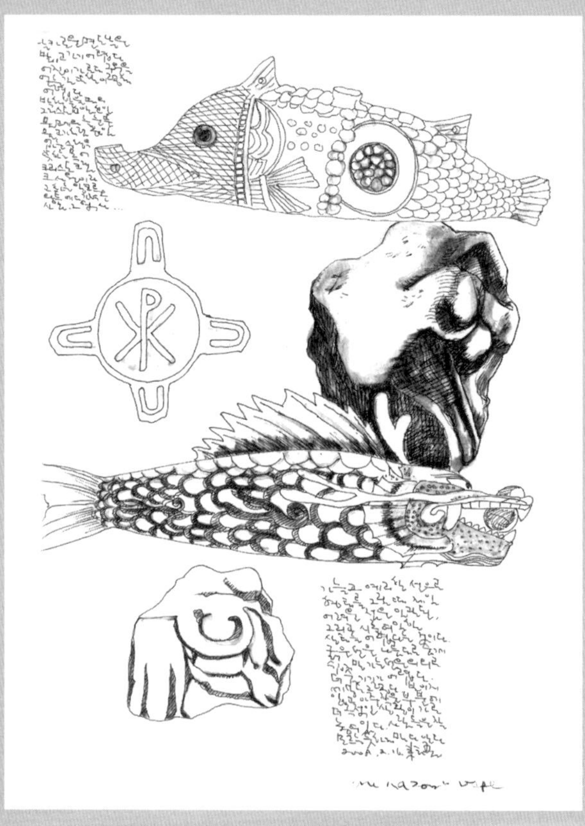

장 적당한 장소이고, 아마도 예로부터 시인은 이곳에서 무수한 소재를 얻었을 것이다.

다니자키 준이치로, 고운기 옮김, 『그늘에 대하여』(눌와, 2005), pp.11-12.

오랜만에 화장실을 깨끗하게 청소하고, 변기에 앉아 가을을 재촉하는 빗소리를 듣는다. 몇 년 전 미술학부의 오원배(1953-) 교수와 함께 하룻밤 신세를 졌던 윤필암閏筆庵의 해우소解憂所 뒤에 높이 쌓여 있던 장작더미가 떠오른다. 쓰라린 기억도 흐르는 세월 앞에서는 씻겨 나가는가 보다. 욕심은 내가 좋아하는 것을 보고 그릇된 마음을 내는 것이고, 화는 내가 싫어하는 것을 보고 그릇된 마음을 내는 것이다. 가거라. 물을 내린다.

2014.08.21

낡은 성윤리의 껍질

옛 사람이 여자의 절조를 경계한 것은, 사회와 도덕의 제재보다는 오히려 여자의 독립을 보호하기 위한 것이라는 이야기, 한번 육신을 남자에게 허락하면 여자의 자유가 완전히 파괴된다는 이야기, 서양여자는 이런 내용을 잘 이해하고 있으니까 남녀가 교제를 해도 불상사가 일어나지 않는다는 이야기, 일본의 새로운 부인들도 반드시 그렇게 되지 않으면 안 된다는 이야기 등이 주된 교훈의 제목이었으며, 특히 신파의 여자라는 것에 대해 절실하게 이야기했다.

다야마 가타이, 곽하신 옮김, 「이불」, 『일본단편문학선』(을유문화사, 1974), p.246.

성이 두려웠다. 한때는 위의 작품에 나오는 주인공처럼 자신의 가치관이 무너지는 것 같아 육체의 순결성을 고집했다. 그러나 한번 무너지자 봇물이 터진 것처럼 방종했다. 자유롭지 못했다는 단적인 증거다. 메이지 시대의 전근대적 가치관, 즉 겉만 신식이고 속은 지극히 전근대적인 가치관으로 도배된 성윤리를 가졌던 셈이다.

다야마 가타이(田山花袋, 1871-1930)의 「이불」을 천천히 읽는다. 지독遲讀의 미학이라고 할까, 책을 천천히 읽다 보면 다른 책 열 권을 읽었을 때와 같은 보람을 느낄 때도 있다. 또한 이광수의 「무정」보다 10년 앞서 발표했던 작품이라 비교해 보고 싶은 마음도 있었다.

> 형식은 그 어린 기생의 말과 모양을 보고 무슨 맛나는 좋은 술에 반쯤 취한 듯한 쾌미를 깨달았다. 마치 몸이 간질간질한 듯하다. 더구나 그 기생이 자기의 무릎에 손을 짚을 때와 불을 떨어뜨리고 그 조고마한 손으로 자기의 넓적다리를 가만가만히 때릴 때에는 마치 몸에 전류를 통電流通할 때와 같이 전신이 자릿자릿함을 깨달았다. 형식은 생각하기를 자기의 일생에 그렇게 미묘하고 자릿자릿한 쾌미를 깨닫기는 처음이라 하였다. 그 어린 기생의 눈으로서는 알 수 없는 광선光線을 발하여 사람의 정신을 황홀하게 하고, 그 살에서는 알 수 없는 미묘한 분자가 뛰어나와 사람의 근육筋肉을 자릿자릿하게 하는 것이라 하였다.
>
> 이광수, 「무정 외」, 『한국소설문학대계 2』(동아출판사, 1995), p.185.

이광수 역시 금기와 위반 사이에서 누구보다 심한 갈증을 느꼈던 사람인 듯하다. 그래서 사람들은 그의 시혜적인 태도와 야비한 욕망의 표출 사이에서 위선을 느끼기도 한다. 하긴 섞유리에서 자유로울 수 있는 사람이 얼마나 되겠는가. 다행히 돌아서면 보이지 않던 여자의 속살이 얼마 전부터 조금씩 보이기 시작한다. 낡은 성윤리의 껍질을 깨뜨린 것일까. 육체의 환영에서 벗어난 것일까.

2014.10.03

발상의 전환과 용기

워홀은 당시의 매끈하게 잘 빠진 광고와 뭔가 다른 것을 보여주었다. 특유의 선 번지기blotted line 기법을 쓴 그림은 자유분방하고 천진난만한 느낌을 주었다. 얄궂게도 이런 아무렇게나 그린 것처럼 보이는 그림을 제작하는 과정은 무척 복잡했다. 먼저 간단한 그림을 그린 후에 만년필로 선을 따라 그렸다. 그리고 아직 잉크가 마르지 않은 상태에서 이 원본을 찍어냈다. 이런 방법으로 사본을 대량으로 찍어낼 수 있었다. 앤디가 요리책 『야생 라즈베리Wild Raspberries』를 위해 그린 삽화는 생기 넘치고 다채롭다. 찔끔찔끔 번져 있는 선들은 어디는 굵고 어디는 살짝 스치듯 가늘다.

글 캐서린 잉그램 · 일러스트레이션 앤드류 레이, 옮김 유지연,
『디스 이즈 워홀』(AgendA, 2014), p.16.

고루한 인식의 틀 속에서 살았구나. 앤디 워홀(Andy Warhol, 1928–1987)의 평전을 읽으며 나도 모르게 이런 탄식을 터뜨린다. 워홀이 구사했다는 선 번지기 기법은 글씨를 쓸 때 점획은 비록

끊어지지만 필세와 필의는 연결된다는 필단의연筆斷意連의 현대적 변용에 다름 아니다. 그러나 선은 꼭 이어져야 한다는 선입관에 사로잡혀 끊어진 선을 다시 이어 놓고서야 안심했으니……. 의도가 감춰지지 않고, 움직임을 느낄 수만 있으면 된다는 사실을 몰랐던 것이다. 모로 가도 서울만 가면 된다는 말도 있지 않은가. 오늘 후드집업을 사서 입어 보고 선입관의 폐해를 다시 실감했다. 젊은이들이 입는 옷이라고 멀리했던 그 옷은 편하고 따스했다. 만용도 용기의 하나임은 분명하다.

상업미술 분야에서는 협업이 표준 관행이지만 순수미술 분야에서는 오직 미술가 본인만의 고유한 개성을 보길 기대한다. 아서 단토Arthur Danto가 이렇게 고찰하듯이 말이다. "우리는 미켈란젤로가…… 이제까지 없던 아름다움과 의미의 유일무이한 대상들을 창조해냈다고 생각한다." 추상적 표현주의는 창조 과정이 내적 영혼을 표현하는 것이라는 견해를 강력하게 주장했다. 워홀이 이런 드라마에 종지부를 찍었다. 어느 누구라도 그의 작품을 만들어낼 수 있게 되었으니 말이다. (……) 1960년대에 그는 실크 스크린에서 반복적 모티프를 이용하기 시작했고, 실크 스크린 한 점을 꼭 다수로 찍어서 팔았다. 미술계를 향한 이런 도발적 행위를 통해 미술작품을 유일무이한 것으로 보는 관념에 도전했다.

p.19.

아, 나는 문학과 미술을 너무 높은 곳에 모셔 두고 살았다. 일기장은 일기장이어야 한다는 통념에 사로잡혀 그림을 그려 넣거나 이메일이나 카톡을 복사해서 붙여 놓을 엄두를 내지 못했다. 그림도 글도 기록 수단일 뿐이다. 또 문인화가 별것이던가. 그야말로 여기餘技라고 간주하면 못 그린다고 해서 창피해할 것도 없다. 2003년 4월 26일부터 조그만 스케치북에 드로잉을 그리기 시작했고, 용기를 내어 이를 수록한 『불가능한 꿈을 꾸는 자의 사화상』(깊은샘, 2005) 출판기념회 겸 전시회(관훈미술관 2005.09.28–10.04)를 열었던 것은 이런 자각의 소산이다. 돌아가신 아버지와 같은 나이가 되었을 때의 일이다. 그래서일까. 얼마 전부터는 일기장 속표지에도 그림을 그려 넣기 시작했다.

껍질을 깨뜨리고 나오기는 결코 쉽지 않았다. 예술에 대한 오해 또는 환상의 껍질은 완강하고 질겼다. 위대한 예술가는 이제까지 없던 아름다움과 의미를 담은 유일무이한 대상을 창조하는 사람이라는 예술지상주의의 편견에 사로잡혀 있었다. 공장 개념이니 미술의 대량 생산을 통해 통념의 혁신을 이룬 앤디 워홀의 도전정신이 부럽다. 용기가 있을 때 발상의 전환이 이루어진다.

어린 왕은 쾌락을 얻고 싶었다. "당신이 여기 있는 이유는 쾌락을 수고받기 위해서다. 나에게 재미있는 이야기를 들려줘야 한다. 나는 언제나 지적인 발기 상태나……. 나무를 보살피고 키우듯이 나는 이야기를 키운다.”

글 캐서린 잉그램 · 일러스트레이션 앤드류 레이, 옮김 문희경,

『디스 이즈 달리』(AgendA, 2014), p.13.

가난은 새로운 경험의 바다를 향해 나가는 용기의 닻을 부러뜨렸다. 결손가정의 아이라는 모멸감에 시달리면서, 겸손 아닌 겸손을 보여주어야 했던 소년에게 지적 발기 상태는 그 자체가 불온한 것이었다. 소년은 자신이 그토록 하고 싶었던 일을 아무렇지도 않게 해치우는 앤디 워홀이나 살바도르 달리(Salvador Dali, 1904–1989)의 지적 오만과 방자가 부럽고도 미웠다. 짐짓 엄숙한 표정을 짓고 지적인 허기짐과 감성적인 충동을 늘 한 발자국 늦게 달래야 했던 자신이 싫어서 그랬으리라. 아! 솔직하게 살자. 세상은 변한다. 세상은 너를 기다려 주지 않는다. 변하라!

미국 팝 아티스트들은 급진적 태도를 보였다. 존스와 라우션버그가 그랬듯이, 기성 미술계와 그곳의 현실과 유리된 분위기 및 엘리트적인 문화적 레퍼런스cultural reference에 반기를 들었다, 팝 아트는 사전 지식을 요하지 않았다. 쉽고 직관적이고 재밌었다. 워홀은 이렇게 표현한다. “팝 아티스트들은 거리를 다니는 어느 누구라도 단번에 알아볼 수 있는 이미지들을 그렸다. 만화, 피크닉 테이블, 남자 바지, 유명인사, 샤워커튼, 냉장고, 코카콜라 병처럼 추상

주의적 표현주의자들이 그토록 무시하려 애썼던 온갖 멋진 현대적 인 것들을 말이다.”

『디스 이즈 워홀』, 위의 책, p.24.

아, 진작 이런 대담무쌍한 말을 들었거나, 이런 작품들을 보고 살았더라면 좀 더 다른 인생을 살 수 있지 않았을까. 나는 나이면서 내가 아니었다. 선입관과 편견이라는 싸구려 포스터가 덕지덕지 붙어 있는 후미진 골목의 전신주와도 같았다. 내 것은 가짜 같았고, 남의 것은 진짜 같았다. 앤디 워홀의 지우知遇를 받은 '검은 피카소' 장 미셸 바스키아 같은 미술계의 악동처럼 “밥값을 해라, 요새를 구축하라, 이름을 떨쳐라!”라고 당당하게 외치며 살지 못했다. 가끔 가난은 불편할 뿐 죄가 아니라고 중얼거렸지만, 그것은 어디까지나 가난이라는 죄 아닌 죄 때문에 주눅이 들어 버린 자신을 위한 변명이었을 뿐이다. 필요한 것은 대결이고 혁명이며 전복이었다.

장 미셸이 신속하게 그린 「두 사람」(1982)은 사실적인 워홀의 모습을 담고 있다. 오른손을 얼굴에 갖다 댄 것은 그의 특징적인 제스처 중 하나이다. 바스키아는 그의 얼굴을 어떤 겉치레도 하지 않은 어린이 같은 캐리커처로 씩 웃는 모습으로 묘사했다. 일찍이 한번은 워홀이 바스키아에게 “넌 아직도 그림을 1달러에 파니?”라고 인사

말을 한 적이 있었는데, 이제 바스키아의 작품은 취리히와 뒤셀도르프에서 2만 달러에 팔리고, 워홀을 제치고 미술계에 떠오르는 별이 된 것이 사실이었다. 이로 인해 워홀이 이 젊은 미술가와 예술적으로 협력하게 된 것은 의심의 여지가 없다.

레온하르트 에머를링, 김광우 옮김, 『장 미셸 바스키아』(마로니에북스, 2008), pp.57-58.

머릿속에 각인된 덕목은 표준, 정상, 모범, 겸손이었다. 튀는 것은 경솔이었고, 일탈은 죄악이었으며, '비범함'은 재승덕박才勝德薄의 다른 이름이었다. 만일 달리의 「예수의 수난도」나 여배우들의 누드 브로마이드를 붙여 놓았던 아버지마저 없었더라면, 예술과 무관한 삶을 살 수밖에 없었으리라. 아버지의 영향은 적지 않았다. 특히 아버지의 필체에서 받은 영향은 컸다. 결석계라도 써 줄 때면 강력한 펜촉의 필세를 못 견딘 종이들이 북북 찢어지곤 했다. 화려하고 강력한 글씨는 당신이 남겨 준 최소한의 문화자산이었고, 예고한 죽음은 투명한 유산이었다. 초라한 인식의 틀을 깨뜨려라. 그리고 지적인 발기 상태에 만족하지 말고 과감하고 통렬하게 사정射精하라. 그것은 지난날의 초라하고 옹졸한 기억을 불사르고 눈 속에서 한 송이의 꽃을 피우는 일이다.

2014.11.25

장서가의 행복한 고민

겨울비가 느릿느릿 내리며 오후의 좁은 마당을 적시고 있다. 동네 헬스클럽에 나가 두 시간 동안 알뜰하게 운동한 보람이 낮잠으로 무산되기 전에 어제 읽던 책을 펼쳐 본다. 1957년생, 일본인, 국문학 전공자, 서평을 주로 쓰는 집필가라는 몇 가지 이력 사항만으로도 대충 읽어 보고 싶은 마음이 생기는데, 하물며 장서의 고통과 즐거움을 이야기하고 있으니 덮어 둘 이유가 없다.

> 2013년 봄에 나는 쉰여섯 살이 되었다. 히틀러도, 전설적인 스모 선수 후타바야마도, 포크송 가수 다카다 와타루도, 여성 추리소설가 구리모토 가오루도 이 나이에 세상을 떴다. 덮밥을 두 그릇이나 비울 나이도, 역 계단을 한 번에 두 개씩 뛰어오를 나이도 아니다 지적 욕구로 허세를 부리는 일도 어지간히 쇠했다. 슬슬 장서를 엄선하고 응축하는 데 마음을 써야 할 때가 아닌가.

오카자키 다케시, 정수윤 옮김, 『장서의 괴로움』(정은문고, 2014), p.37.

한 살 어린 일본인 장서가의 글을 읽으며 부끄러움을 느낀다. 이 친구는 벌써 책을 엄선하여 헌책방에 내다 팔아 버리고 있는데, 나는 무엇하고 있단 말인가. 얼마 전부터 책은 읽은 자만이 소유할 자격이 있다면서, 완독한 경우에 한해 짤막한 독후감을 쓰기 시작한 나로서는 한 대 얻어맞은 기분이다.

책이 팔려 다시 헌책방 책장에 꽂히고, 그 책이 필요한 또 다른 사람의 손으로 넘어가면서 책은 새 생명을 얻는다. 책을 처분한다고 하면 마이너스 이미지가 떠오르지만 사실 책의 역할을 재생한다는 의미도 있다. 상당히 큰 의미다.

pp.38-39.

맞는 말이다. 그러나 좋아서, 갖고 싶어서, 읽고 싶어서 샀지만 책 제목과 목차만 읽고 내다 판다면 그것은 책에 대한 모욕이며 직무유기다. 갖고 있는 책들을 다 읽고 인연의 바다로 떠나보내야 할 것이다.

심리치료사들은 강박적인 수집행위를 일종의 자기치유 형태라 본다. 즉 무력감, 버림받은 느낌, 고립감을 상쇄해 위안을 얻으려는 충동soothing impulse으로 말이다. 워홀에게는 뿌리 깊은 불안감이 자리하고 있었다. 망각이 두려웠던 지칠 줄 모르는 수집광인 워홀은 자기 삶의 일상적 파편들을 이렇게 저장해 놓는다.

캐서린 잉그램, 『디스 이즈 워홀』, 위의 책, p.70.

어느 추운 겨울날, 쓰러져 가는 구멍가게 앞에 서서 미8군 피엑스(PX)에서 나온 크리스마스 카드를 황홀하게 내려다보는 어린 내가 보인다. 산타클로스 할아버지가 루돌프가 끄는 마차를 타고 하얀 눈 속에서 불을 밝히고 있는 어떤 집의 착한 소년과 소녀를 향해 달려가고 있다. 그러나 선물 보따리를 둘러멘 그는 끝내 우리 집에 오지 않았다.

아버지가 돌아가신 후 헌책방을 돌아다니며 책을 사서 모은 것은 이때의 쓸쓸하고 허전했던 마음과 무관하지 않다. 우리 집에는 서재도 책장도 없었다. 그러나 머릿속에는 어머니가 시집왔을 때 벽 한쪽을 다 가리고 있었다는 하얀 책장이 자리 잡고 있었다. 거기에는 세계미술전집과 세계문학전집이 빼곡히 꽂혀 있었다고 했다. 모든 것이 채우고 메워야 할, 텅 빈 공간이었다.

풋내기 국어교사였던 1979년 봄 노량진 중고 가구점에 나가 베니어 책장을 사서 용달차에 싣고 돌아오면서 책 수집은 가속도를 내기 시작했다. 신혼 시절, 두 사람이 누울 자리만 빼고 방은 책장으로 둘러싸였다. 행복했다. 그러나 이층과 지하실은 물론 연구실에도 책이 가득 쌓여 있는 오늘, 그 시절의 충만감이 옛일처럼 그립기만 하다. 풍요 속의 빈곤이라고 할까. 장서가의 행복한

고민이라고 할까. 오카자키도 이런 모순된 감정을 다음과 같이 고백하고 있다.

> 필요 이상으로 장서를 쌓아가는 일은 '괴로움'인 동시에 '즐거움'이다. 그저 옆에 있는 것만으로도 좋다. 이 기분, 모르는 사람에게는 아무리 설명해도 모를 거예요.
>
> 오카자키 다케시, 『장서의 괴로움』, 위의 책, p.210.

때로는 책은 500권으로 줄이고, 골동은 명품 몇 점만 간직하고, 나무처럼 살고 싶다고 중얼거린다. 그래서 수수재라고 택호宅號를 짓고 서각書刻을 해서 현관 입구에 걸어놓기도 했으리라. 그러나 갸륵한 마음이긴 하지만, 이 역시 또 다른 의미의 구속일 수 있다. 내버려 둬라. 이렇게 책을 읽다 보면 어느 날인가는 아낌없이 주고, 통쾌하게 비울 수 있으리라.

세월은 누구에게도 예외를 허용하지 않는다. 해 보았기에 회의하고, 절망하며, 다시 용기를 내 본다. 해 보지도 못하고, 등 떠밀려서 하는 설세와 비움이란 위선이다. 살아 있다고 저 책이 남의 서가에 들어가지 말라는 법도 없고, 죽은 다음에 저 책이 끝까지 남아 있으란 법은 더욱 없다. 사유와 형상화의 일치를 위하여 끝없이 읽고 쓸 뿐이다.

2014.11.28.

사실과 상상의 안팎

테오야,

어느새 여기에도 겨울이 찾아왔는데 이런 때 혼자가 아니라 참 기쁘구나. 고갱이 나도 자기처럼 기억에 의존해 그림을 그리도록 격려하고 있어. 고갱은 진정 훌륭한 화가고 또 더없이 좋은 친구야. 이런 좋은 동료와 함께 지내면서 내가 얼마나 많은 기쁨을 얻는지, 너는 알려나.

바바라 스톡 글 · 그림, 이예원 옮김, 『반 고흐』(미메시스, 2014), p.71.

이 대목을 읽다 말고 책장을 덮은 채 멍하니 창밖을 내다본다. 고갱(Paul Gauguin, 1848–1903)은 이렇게 반 고흐(Vincent van Gogh, 1853–1890)에게 충고하고 있다. "기억에만 의존해 그린 그림이 훨씬 신비로운 느낌을 주네." "색으로 시를 한 편 짓는 거나 같다고 보면 돼."

눈앞에 놓여 있는 실물이나 펼쳐진 풍경을 보고서야 펜을 놀렸던 나로서는 고흐가 고갱을 짝사랑하다시피 좋아했던 이유를 알

것 같다. 만일 상상의 내부를 과감하게 파고들었거나, 자연의 품을 향해 뛰어들었더라면, 나 역시 좀 더 그림다운 그림을 그렸을지 모른다. 그러나 "네 마음대로 그려 봐라. 남의 그림을 모방하는 것도 능력이다. 그렇지 않은 작가는 이 세상에 단 한 명도 없다. 지금 네가 보는 것이 전부는 아니다." 이렇게 가르쳤던 사람은 없었다. 그들은 이렇게 외칠 자신이 없었으리라.

> 도대체 자신의 내부에 있는 것을 표현하지 않는 예술이 있단 말인가? 여자 모델을 앞에 세워두고, 자기가 느끼는 대로 그리는 것이 예술이 아니겠는가? 홍당무 한 단, 그래 홍당무 한 단이면 어떤가! 직접 관찰하고, 자기 눈에 보이는 대로 개인적인 필치로 단순하게 그린 홍당무 한 단이 항상 일정한 틀에 맞추어 작품화되는 잎담배 색깔을 한 파리미술학교의 그림보다는 낫지 않은가? 독창적으로 그려진 한낱 홍당무가 혁명을 잉태할 수도 있다.

에밀 졸라, 권유현 옮김, 『작품』(일빛, 2014), p.52.

사실에 대한 강박! 그렇다. 대상과 비슷하게 그려야 한다는 의무감에 사로잡혀 있었을 뿐이다. 비슷하게 그린다는 것은 개성이 없는 증거라고 가르쳐 주는 선생도 동료도 없었다. 그들은 그림을 그려서 먹고 사는 생활인이었다. 고갱처럼 자기 작업에 충실한 이기주의자도 없었고, 광기에 사로잡혀 자기 귀를 잘라 버린

고흐는 더욱 없었다. 끊임없이 예술 논쟁을 시도하는 고흐에게 질린 고갱은 난 내가 원할 때 내가 정해 떠나겠다고 선언하고 떠나 버린다. 그러나 고흐는 고갱을 돌파한다.

아, 나도 이제는 마음의 녹슨 빗장을 힘껏 잡아 부수고 떠나야겠다. 한때 사랑했던 모든 것이 내가 만든 환상이었음을 몰랐던 내가 잘못이었다. 부수고 건설하라. 그렇지 않으면 고흐처럼 목숨을 걸고 싸워 이기든가.

2014.11.29

자, 일하러 가시죠

에밀 졸라(Émile Zola, 1840–1902)의 『작품(L'œuvre)』을 다 읽었다. 오랜만에 감동적으로 읽은 장편이다. 특히 졸라의 자전적 예술소설이라 더욱 흥미로웠다. 그래서 우공于空 우한용(1948–) 교수를 만났을 때 외람되게 추천하기도 했다. 하지만 그림을 좋아하는 분이라고 결례를 무릅썼던 것도 미안하고, 또 내일 인도로 여행 간다는 분을 오래 붙잡은 것 같아, 술을 마시고 헤어져 돌아오던 밤, 이렇게 문자로 인사를 보냈더니 곧 답장이 왔다.

> 붓꽃이 차가운 유리병에 가득 담긴 날
> 시렸던 기억에 마음만 달아올라
> 천축天竺으로 향한 발걸음 더디게 하였습니다.
> 잘 다녀오세요. 차가워 더욱 쨍쨍한 차창을
> 전조등 불빛이 금 긋고 달아납니다.
> 고재석 올림 (2014.12.17.수 오전 00:03)

소리 없이 오는 눈발 사이로 가등 빛날 때
가로등 같은 내 동무야
무작정 노래하고 싶은 마음
등불이 흔들리고 그대 눈빛이 정갈해서
나는 또 흔들리고 눈이 내려야 하리
눈이 세상을 곱게 덮어야 하리…….
우공 (2014.12.17.수 오전 01:13)

벌써 120여 년 전에 쓴 이 소설에는 세속적인 성공과 좌절 때문에 서로의 등에 비수를 꽂고 헤어지는 우정의 이면이 선명하게 그려져 있다. 그래서 일견계합一見契合의 기쁨을 느끼는 사람을 만나도 조심스럽다. 그러나 우정이라는 나무를 베어 낸 정원은 얼마나 삭막할까.

"아마도 나는 나 자신이 재능을 갖지 못한 것에 지치고, 산같이 쌓여 있는 책들 가운데 좀더 나은 작품을 단 하나도 남기지 못한 데에 화가 나서, 자신에게 분노하며 죽게 될 거야. 그리고 죽으면서 내 자신이 해 온 일에 대해서 무섭게 자문하겠지. 이것이 잘한 짓일까? 내가 오른쪽으로 갔을 때, 사실은 왼쪽으로 가야 하지 않았을까? 그리고 아마도 나의 최후의 마지막 말, 최후의 헐떡임은 모든 것을 새로 시작하고 싶다는 바람이 되겠지……."

그는 감정이 격해져서 말소리가 떨렸기 때문에, 잠깐 심호흡을 해야 했다. 그리고 그는 열정적으로 외쳤다. 그 외침 속에서 아무리 고치려 해도 고쳐지지 않는 그의 서정성이 배어나왔다.

"아, 인생이여. 설령 내가 제2의 인생을 산다고 해도, 나는 이 일을 하며 살 것이고, 그러다 죽을 테지!"

에밀 졸라, 『작품』, 위의 책, p.368.

작가로 명성을 얻은 상도즈가 무명의 고통에 신음하는 클로드에게 토로하는 고백이다. 착잡하다. 아버지처럼 살다 죽고 싶다는 선망과 저렇게 죽고 싶지 않다는 공포가 두 마리의 뱀처럼 똬리를 틀며 옥죄어 드는 가운데 살아왔다. 그러나 에밀 졸라의 분신인 상도즈의 통렬한 독백을 읽으니 경외심에 숨이 막혀 온다. 뿐인가. 그의 이런 반문 앞에서는 한참 동안 멍하니 앉아 창밖을 내다볼 수밖에 없었다. "언젠가는 내가 인정을 받을 것이라는 환상이 없어도 계속 일에 대한 열정을 가질 수 있고, 세상의 욕설에도 두 발을 꿋꿋이 버티고 서 있을 수 있을까?" 한편, 졸라는 이 작품의 주인공 클로드 랑티에를 극적으로 각색된 마네(Édouard Manet, 1832–1883)나 세잔(Paul Cézanne, 1839–1906)과 같은 인물, 아니 오히려 세잔에 가까운 인물이라고 언급한 바 있다.

그런데 비난은 건강에 좋은 거야. 인기가 없는 건 사람을 튼튼하게 하는 학교란 말이야. 바보들의 조소 이상으로 사람을 유연하고 강하게 해주는 건 없거든. 한 작품에 자기의 모든 삶을 바쳤다고 말할 수 있으면 그것으로 충분해. 즉 즉각적인 정당한 보상, 성실한 평가 따위는 전혀 기대하지 않고, 그 어떤 기대도 없이, 오직 피부 아래에서 심장이 뛰듯이 아무런 욕심 없이 일을 해왔다고 말할 수 있으면 족한 거야. 그러면 언젠가는 세상의 인정을 받으리라는 환상으로 자신을 위로하면서 죽게 되는 거야…….

p.367.

죽을 때까지 치열하게 쓰기를 멈추지 않았던 에밀 졸라의 말처럼 아무것도 바라지 말고, 누군가의 관심을 기대하지도 말고 쓰자. 촛불은 자신을 태우면서 빛난다. 『작품』은 이렇게 끝난다. "자, 일하러 가시죠.(Allons travailler)"

2014.12.19

2015년

어느 환자의 궤변 • 비움의 계절 • 위대한 유산 • 진통의 의미 • 책갈피의 낡은 신문기사 • 빈둥거림의 미학 • 자유방임형 인간의 외출 • 여자, 여자, 여자 • 입 없는 아이 • 사랑, 사랑, 내 사랑이야

어느 환자의 궤변

그 부정관이라는 것은 설명하기가 무척이나 어려운 내용이라, 유모로서도 자세한 설명은 하지 못했는데, 요컨대 그것을 하면 사람들의 여러 가지 관능적인 쾌락이 죄다 한때의 미혹에 지나지 않는다는 것을 깨닫게 된다. 그리하여 이제까지 그립고 그립게 여겨지던 사람도 그리워하지 않게 되고, 눈으로 보아서 아름답다든가 먹어서 맛이 있다든가 냄새가 향기롭게 느껴진다든가 하는 것들이 실은 아름답지도 맛있지도 향기롭지도 않은, 더러운 것임을 터득하게 된다. 아버지는 어떻게 해서든지 어머니의 일을 잊으려고, 단념하시려고 저렇게 수행을 하고 계시는 거라고 했다.

다니자키 준이치로, 김춘미 · 이호철 옮김,
『만권 · 시게모토 소장의 어머니』(문학동네, 2012), p.294.

어제는 오래만에 침을 맞으러 한의원에 들렀다. 원장이 어디 좀 보자며 인중을 눌러 보고 아! 해 보라고 하더니 별 차도가 없는 듯, 혀를 끌끌 찬다. 그러더니 병을 얼른 고칠 생각은 안 하고 지금처럼 술을 마시면, 원상태로 돌아오지 않을 수도 있다며 엄포를 놓는다. 동갑내기인 데다가, 같이 공부했던 사람도 아는 사이라고 하니까, 남의 일 같지만은 않아 걱정해 주는 것이다. 글쎄다. 난들 왜 빨리 낫고 싶지 않겠는가. 그러나 이 양반은 천천히 낫는 것도 또 하나의 치유법이라면서 짐짓 여유를 부리는 환자의 웅숭깊은 속내(?)까지는 모르리라.

오랜 세월 간직해 온 심리적 고아의 여린 속살을 아무렇지도 않게 베어 버리고 돌아선 사람들에 대한 분노를 핑계 삼아 터져라 하고 풍선을 불어 대듯 술을 마셨다. 그리고 끝까지 가야 다시 돌아올 수 있다며, 다 쓴 치약을 짜내듯 몸을 몰아붙였다. 결국 몸은 망가지고 말았다. 작년 7월 28일의 일이다. 그러나 시원했다. 이제는 돌아갈 수 없도록 다리를 불태워 버린 것 같았다.

자기위안이다. 하지만 이번 병은 이런 무지와 자학의 결과라고 하기에는 가벼운 경고인 것 같아 좀 더 긴장하려고, 아니 빨리 나으면 다시 예전의 나약하고 공격유발적인 자신으로 돌아갈까 봐 치료를 늦춘다고 고백해 볼까. 그러면 이 양반은 아이고 그것이 불가에서 말하는 부정관不淨觀이고, 깨달음을 위해 제 몸을 불사르는 것을 마다하지 않는다는 망신참법亡身懺法의 일종인 듯한데, 몰라봐서 죄송하다며 고개를 숙일까. 아서라. 그건 술 마시기 위한 환자의 궤변일 뿐이라고 핀잔을 줄 것이 분명하다. 나는 반성문을 제출한 학생처럼 입을 꾹 다물고 침을 맞고 돌아왔다.

헤르만 헤세의 『데미안』을 펼쳐 본다. "1969.9.20 재석"이라고 적혀 있는 볼펜 글씨가 낯설다. 중학교 1학년 가을에 샀었구나. 그럼 어느덧 반세기 전의 일이란 말인가. 어린 시절, 자아실현이라는 명제를 처음 일깨워 주었지만, 이제는 세로쓰기의 활판 인쇄본이라 학교 도서관에서도 찾아볼 수 없게 된 낡은 책은 이렇게 시작된다.

> 나는 나 자신 속에서 스스로 나오려는 것만을 사려고 시도했었다. 왜 그것은 그렇게도 어려운 일이었을까.
>
> 전혜린 옮김, 「데미안」, 『노오벨상문학전집 5』(신구문화사, 1966), p.11.

무슨 말인지 잘 모르겠다. 문선공의 실수일 수도 있어 '사려고'를 '살려고'로 바꾸고 읽어 보니 무슨 뜻인지 대충 짐작이 된다. 그런데 지금도 잘 이해되지 않는 글을 어린 것이 어떻게 읽고 감동을 받았던 것일까. 최근에는 어떻게 번역하고 있는지 궁금해서 찾아본다.

> 내 속에서 솟아 나오려는 것, 바로 그것을 나는 살아보려고 했다. 왜 그것이 그토록 어려웠을까.
>
> 전영애 옮김, 『데미안』(민음사, 1997), p.7.

나는 오직 나 자신 속에서 스스로 우러나오는 인생을 살아가려고 했을 뿐이다. 그것이 왜 그토록 어려웠던가?

두행숙 옮김, 『데미안』(온스토리, 2013), p.6.

내 안에서 저절로 우러나오려는 것. 난 그것을 살아 보려 했을 뿐이다. 그게 왜 그리 힘들었을까?

이영임 옮김, 『데미안』(을유문화사, 2013), p.7.

나는 오직 내 마음속에서 절로 우러나오는 삶을 살려 했을 뿐이다. 그것이 왜 그리 어려웠을까?

김인순 옮김, 『데미안』(열린책들, 2014), p.7.

뉘앙스의 차이는 있지만, 자기 삶의 형식(forms of life)을 발견하고 실천하는 자아실현(self realization)이야말로 가장 어렵다는 뜻이 아니겠는가. 그렇다. 가치 있는 모든 것은 다 어렵다. 하물며 자기 인생의 완성임에랴. 하긴 이렇게 살점이 마비되는 고통을 겪지 않았더라면, 나는 오늘도 한 마리의 곰처럼 동굴 속에 웅크리고 앉아 자기가 만든 환상을 너덜너덜한 밀랍처럼 핥고 있을지 모른다. 그래서 이렇게 광장으로 나온 기쁨을 더 많이 느끼고 싶어 결말 지연의 법칙을 활용하고 있다는 황당한 궤변을 원장에게 늘어놓으려고 했었나 보다.

한 사람 한 사람의 삶은 자기 자신에게로 이르는 길이다. 길의 추구, 오솔길의 암시다. 일찍이 그 어떤 사람도 완전히 자기 자신이 되어본 적은 없었다. 그럼에도 누구나 자기 자신이 되려고 노력한다. 어떤 사람은 모호하게 어떤 사람은 보다 투명하게, 누구나 그 나름대로 힘껏 노력한다. 누구든 출생의 잔재, 시원始原의 점액과 알 껍질을 임종까지 지니고 간다. 더러는 결코 사람이 되지 못한 채, 개구리에 그치고 말며, 도마뱀에, 개미에 그치고 만다. 그리고 더러는 위는 사람이고 아래는 물고기인 채로 남는 경우도 있다. 그러나 모두가 인간이 되라고 기원하며 자연이 던진 돌인 것이다.

그리고 사람은 유래가 같다. 어머니들이 같다. 우리 모두는 같은 협곡에서 나온다. 똑같이 심연으로부터 비롯된 시도이며 투척이지만 각자가 자기 나름의 목표를 향하여 노력한다. 우리가 서로를 이해할 수는 있다. 그러나 의미를 해석할 수 있는 건 누구나 자기 자신뿐이다.

전영애 옮김, 『데미안』, 위의 책, p.9.

탄성이 나올 만큼 하늘이 차갑고 깨끗하다. 껍질을 깨뜨리고 나오면 이런 기분일까. 그러나 무엇이 달라졌던가. 사람들이 놀라서 뒤로 자빠지던가. 아니, 이미 햇빛이 폭포처럼 쏟아지는 거리를 여유롭게 거닐고 있던 사람들은 이제야 눈이 부셔 어쩔 줄 몰라 하는 내 모습을 오히려 의아하게 쳐다보고 있다. 반세기 만에 우물 안에서 뛰쳐나온 개구리는 그래서 쑥스럽기만 하다. 아, 사람다운 사람으로 산다는 것은 정녕 그토록 힘든 일이었을까.

2015.01.09

비움의 계절

요즘 들어와 더 사랑하게 된 오후 2시의 햇살이 맑고 따스하다. 눈이 환해진다. 몸이 더워진다. 하루 가운데 얼마 되지 않는 행복한 시간을 아끼고 싶다. 나무들이 깨끗하게 헐벗었다. 잡티 한 점 없는 하늘을 닮고 싶었나 보다. 그러나 아직 매달려 있는 낙엽은 추하다. 줄 때는 아낌없이 주고, 버릴 때는 남김없이 버린다. 겨울은 비움이다.

대저 도란 순수한 것이어서 잡박함을 대기大忌하는 법이다. 잡박하면 다방면에 걸치고, 다방면에 걸치면 마음이 어지러워지고, 마음이 어지러워지면 근심을 지니게 된다. 자기에게 근심이 있는 자가 어찌 남을 구하랴. 옛날의 성인은 먼저 자기를 확립하고 나서 남을 확립시키려 들었다. 자기의 확립도 채 안 된 사람이 어찌 폭군의 소행에 대해 이러쿵저러쿵 할 여가가 있겠느냐.

夫道不欲雜, 雜則多, 多則擾, 擾則憂, 憂而不救, 古之至人, 先存諸己, 而後存諸人, 所存於己者未定, 何暇至於暴人之所行

이원섭 역, 『노자/장자』(대양서적, 1973), p.159.

그나저나 예상보다 병이 빨리 낫지 않는다. 무엇을 위한 고통일까. 심신을 전면적으로 개혁하지 않으면 희망이 없다는 경고인가. 내가 일으킨 병이건만, 내가 다스리지 못하고 있으니 한심하기만 하다.

마음의 재계라니 그것은 무슨 뜻입니까. 네 정신을 통일하라. 귀로 듣지 말고 마음으로 들어라. 마음으로도 듣지 말고 기氣로 들어라. 귀는 소리를 들을 뿐이며 마음은 사물을 상대하는 것뿐이다. 그러나 기는 공허한 것이면서도 일체의 사물을 포용한다. 도는 이 공허한 상태에만 깃든다. 이 공허한 상태를 마음의 재계라 이른다.

回曰, 敢問心齋, 仲尼曰, 若一志, 無聽之以耳, 而聽之以心, 無聽之以心, 而聽之以氣, 聽止於耳, 心止於符, 氣也者, 虛而待物者也, 唯道集虛, 虛者心齋也.

p.162.

화를 내면 온몸이 비틀어지는 것 같다. 조금 더 분노의 압력이 가해지면 터질지도 모른다. 비우고 채워라. 채우고 비워라.

2015.01.13

위대한 유산

> 그러나 천한 계층과 무사와 스님이라는 세 신분이 메이지 유신으로 커다란 충격을 입었다는 사실에 주목할 필요가 있다. 그들은 시대변천의 주류를 타지 못하고 점점 '무용無用의 인간'이 되어갔다. 이 세 아버지의 이미지는 이제까지의 가부장적인 아버지와는 전혀 성격이 다르다. 그들은 모두 사회적인 실행력을 가지지 못한 그늘의 존재였다. 『파계』에서는 이 세 명의 '실격失格 아버지'를 그려냄으로써 시대의 변화, 특히 메이지 유신이 일본가정에 미친 영향을 선명하게 보여준다.
>
> 노영희, 「'혈연'의 아버지에서 '이념'의 아버지로」, 『파계』, 위의 책, p.373.

무용의 인간과 실격 아버지! 가슴이 아프다. 살아오면서 애써 이런 형용을 피하려고 했으나, 외나무다리의 원수처럼 만나고 말았다. 결손 가정의 아픔을 안겨 주고 재혼을 감행한 할아버지에게 격렬하게 반항하고, 때로는 그에게 사랑과 질책을 받으면서 질풍노도의 청년기를 보낸 식민지의 적자, 그리고 모던 보이였던 아버지……. 만일 해방이 되지 않았거나, 한국전쟁이 일어나지 않았더라면, 아니 할아버지의 유산을 물려받을 수 있었더라면—아버지는 서조모의 농간으로 장남임에도 한푼의 유산도 상속받지 못했고, 할아버지의 임종도 1년이 지나서야 알았다—당신은 좀 더 편안하고 낭만적인 인생을 살았을지 모른다. 그러나 재건국민운동이라는 기치를 내걸고 도시화와 공업화를 추진했던 제3공화국의 1960년대는 아버지 같은 낭만가객을 필요로 하지 않았다. 어느덧 40대 후반에 접어든 당신은 바람구멍이 숭숭 뚫린 둥지에서 밥을 달라고 짹짹거리는 6남매에게 교육비는 물론 최소한의 먹을거리도 제공하지 못하는 잉여인간과 실격인간으로 전락하고 있었다. 그런 점에서 당신이 죽어서라도 치욕을 씻으려 했던 것은 무책임한 선택만은 아니었는지 모른다.

> 나는 오래전부터 무용지물이 되기를 원해왔거니와 거의 죽게 된 지금에 와서야 그것을 얻어 대용 즉 무용의 존재가 될 수 있었다. 내가 쓸모 있는 나무였던들 이리 크게 되지는 못했을 것이다.
>
> 且予求無所可用久矣. 幾死, 乃今得之爲予大用, 使予也而有用, 且得有此大也邪
>
> 『노자/장자』, 위의 책, p.171.

 자의식이 생기던 날부터 타인의 동정어린 시선을 증오했고, 긍

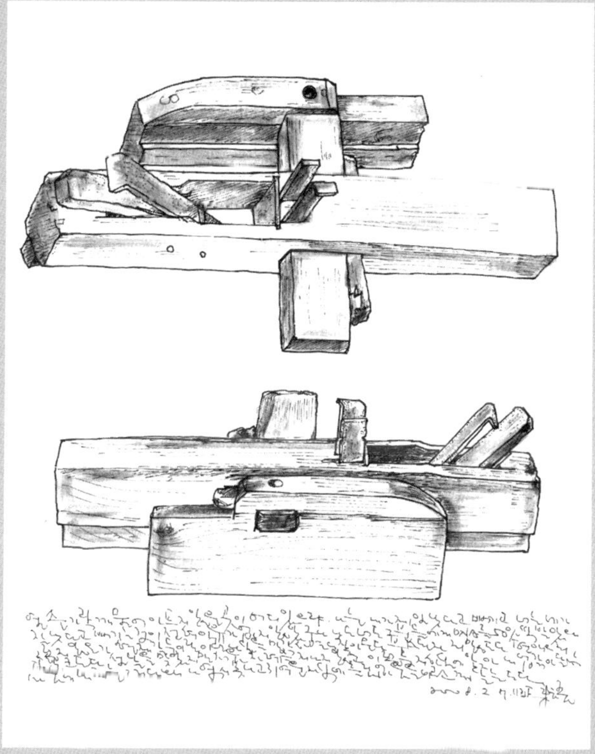

정보다 부정을 먼저 배웠으며, 사랑보다 증오를 편하게 느꼈다. 그리고 예술과 학문의 위대함을 깨우치기 전에 외로운 예술가와 가난한 학자의 모습부터 머릿속에 떠올리며, '유용'과 '실용'을 앞세웠다. 학문과 예술의 길을 걷는다는 것은 불가능한 꿈이었는지 모른다. 그런데 어느 날부터인가 학문과 예술의 일치를 꿈꾸기 시작했다. 그리고 오늘, 예술적 재능과 인문학적 소양이라는 당시로서는 그야말로 무용지물과도 같았던 문화자본을 물려준 아버지에게 감사드리고 있다. 아버지는 무용의 아버지도 아니었고, 실격의 아버지는 더욱 아니었다. 시대를 잘못 만난 딜레당트였을 뿐이다.

2015.01.29

진통의 의미

꽤 오래간다. 발병한 지 어느덧 6개월. 그러나 차도는 없고, 운동이라고 시작한 지 100일이 지났건만 뱃살은 여전하고 총장 선출에 따른 학내 갈등 또한 여전하다. 우울하고 안타깝다. 하지만 모든 일은 일어날 때가 되어 일어났으니 겪지 않으면 안 된다.

무릇 사람이 이 세상에 태어나는 것은 우연히 태어날 시기를 만난 것뿐이며, 또 이를 잃고 죽어가는 것도 마침 죽을 때가 되어 그것을 따르는 것뿐이지. 시간의 흐름에 일신을 맡기고 운명에 순종한다면 슬픔이고 즐거움이고 마음에 스며들 여지가 없을 걸세. 옛사람은 이것을 생사로부터의 해방이라 불렀지. 그런데도 이 구속에서 해방되지 않는다면 그것은 외부의 사물이 마음을 얽매놓고 있는 때문이네. 그러나 존재하는 것이 천명을 못 이긴다는 것은 고금의 철칙이니 언젠가는 해방되는 때가 올 것일세. 내가 무엇을 언짢아하겠는가.

且夫得者, 時也, 失者, 順也, 安時而處順, 哀樂不能入也, 此古

之所謂縣解也, 而不能自解者, 物有結之, 且夫物不勝天, 久矣, 吾又何惡焉

『노자/장자』, 위의 책, p.198.

자사子祀가 온몸이 비틀린 자여子輿에게 얼마나 속이 상하느냐며 위로하자, 그렇지 않다면서 웃으며 한 말이다. 그렇다. 지금 안면 신경의 일부가 마비된 것 역시 그럴 만해서 그랬을 뿐이다. 그런데 오늘도 애증의 밧줄에 꽁꽁 묶여 살았던 지난날을 돌아보다가 그만 숨이 막혀 혼자 속을 시커멓게 태우고 말았다. 아, 이제는 모든 유혹에서 자유로울 수 있는가. 너는 희랍인 조르바처럼 끝까지 다해 보았던가.

생명 있는 것을 죽이는 데에는 죽음이 없고, 생명 있는 것을 살리는 데에 생은 없다. 도란 모든 죽음을 보내고 모든 생을 맞이하며 모든 것을 파괴하고 모든 것을 만든다. 이런 도를 영녕이라고 하는데 영녕이란 얽매인 후 이룬다는 것이다.

殺生者不死, 生生者不生, 其爲物, 無不將也, 無不迎也, 無不毁也, 無不成也, 其名爲攖寧, 攖寧也者, 攖而後成者也

『老子/莊子』(明治書院, 1975), p.260.

생명을 배후에서 조종하는 도에는 생멸生滅이 없다. 생명 있는

것을 죽이는 것도 도이며, 생명을 주는 것도 도다. 갈 사람은 가라. 올 사람은 오라. 영이후성攖而後成이란 변화가 있어 안녕이 있다는 말이다. 영攖이란 요란擾亂 즉 생사변화가 있는 외계의 현상을, 영寧이란 안녕安寧 즉 외계의 변화에 흔들리지 않는 마음의 상태를 말한다. 변화를 거스르지 말고 따르라는 뜻이다. 지금 겪는 고통도, 학내 갈등도, 이념 대립에 따른 남남갈등도 모두 안녕과 생성을 위한 고통이며 진통일 뿐이다.

2015.02.09.

책갈피의 낡은 신문기사

"선생님 힘도 없고 위엄도 없이 육신을 제대로 가누지 못하는 잔해가 되어서 죽어가지 마십시오." 그러나 이 무슨 노릇인가. 아기처럼 서툰 동작으로 식탁의 감자튀김을 찾아들고 있는 나의 스승님……. 나는 다른 생각을 해야만 했다.

「사신死神에 약했던 사르트르 만년」, 『동아일보』(1981.2.21)

사르트르(J.P. Sartre, 1905–1980)의 제자 올리비에르 토드(Olivier Todd, 1929–)가 집필한 회고록 『항거하는 후예』를 요약한 이 기사는 『フランス文學ハンドブック』(白水社, 1974) 안에 곱게 접혀 있었다. 아침에 커피라도 마시고 환기라도 시켜 주려고 지하 서재에 내려갔다가, 요즘 읽는 프랑스 작가들의 위상이 궁금해서 선생의 유품인 이 책을 꺼냈던 것이다.

장호章湖라고 새긴 아호인雅號印과 김장호인金長好印 사이에 '75.4.3'이라는 숫자가 적혀 있다. 처음 겪어 보는 대학 생활에 어리둥절하고 있을 때, 선생은 이 책을 사셨구나. 순간, 선생 특유의 불어식 발음이 들려오고, 단출한 서재의 자그마한 나무 책장이 떠오른다. 선생은 훌륭한 불문학 애호자였고, 시인이었으며, 알피니스트였다. 신입생 시절의 학생수첩을 찾아 이날 무엇을 하고 있었는지 살펴본다.

> 004『그리스로마신화』030『청록집』050『국화 옆에서』055『야간비행』083『러셀 행복론』101『모란이 피기까지는』태화관에서 영란, 수구형, 병구와 함께 식사. 정상을 되찾은 생활에서 오히려 무료를 느끼다. 화창한 날씨 속에서 내 앞에 내가 서 있어야 할 의무감을 느낀다. 두 시간을 결강한 오늘, 이보의 진보가 있기를 바란다. 잔디밭 위의 권태. (1975.04.03)

숫자는 구입했던 서문문고瑞文文庫의 일련번호를 가리킨다. 선생과 만났던 기록은 없다. 하긴 선생의 수업은 2학년이 되어서야 처음 들었으니, 이날 못 뵈었을 가능성이 크다. 그러나 분명 이해 어느 봄날 연구실로 찾아가 인사를 드렸고, 선생은 가끔 물소리도 듣고 바람 소리도 들으며 살라고 격려해 주셨다. 그래서 그날의 만남은 아련한 추억의 한 페이지로 남아 있는데, 이와 관련된 언급은 수첩은 물론 일기장에도 없다.

왜 그랬을까. 낯설음에 따른 본능적 두려움과 강자들을 향한 근거 없는 적개심 때문이 아니었을까. 그랬을지 모른다. 그때 나는 문예반을 담당했던 박용식(1936–2014) 선생과 고3 담임이었던 황명 선생을 주로 찾아뵈었다. 늙어 가는 은사들을 보며 약자로서의 동질감을 느꼈던 것 같다. 어리석어라. 최선을 다한 사람에게는 약자도 강자도 없다는 사실을 몰랐던 것이다.

그렇다면 장 그르니에(Jean Grenier, 1898–1971)와 같은 스승을 대학에서 만났더라면 자주 찾아뵙고 따랐을까. 그의 제자 카뮈(Albert Camus, 1913–1960)는 말한다. 적어도 생애에 한 번은 저 열광에 찬 복종의 마음을 경험할 수 있다는 것은 아닌 게 아니라 행운이라 할 수 있다고……. 그러나 나는 그런 복종의 환희와 숭배의 전율을 느끼기엔 너무 외틀어진 인간이었다. 투쟁과 도전이 삶의 전부인 줄 알고 있는 자에겐 어떤 스승도 초라하고 무능력한 인간으로 비쳐질 수밖에 없다. 죽은 자만이 존경을 받을 수 있었다. 나의 박복과 소외는 예고된 것이었다.

그러나 스승이라는 말은 다른 뜻도 지니고 있다. 그 의미로 인하여 스승과 제자는 오직 존경과 감사의 관계 속에 서로 마주 대하게 된다. 이럴 경우 문제가 되는 것은 의식의 투쟁이 아니라, 일단 시작하면 그 생명의 불이 꺼질 줄 모르며 서로서로의 생애를 가득 채워줄 수 있는 대화인 것이다. 이 오랜 기간에 걸친 교류는 예속이나 복종을 요구하는 것이 아니라 다만 가장 정신적인 의미에서의 모방을 야기시킨다. 끝에 가서 제자가 스승을 떠나고 그의 독자적인 세계를 완성하게 될 때—실제에 있어서 제자는 언제나 자신이 모든 것을 얻어 가지기만 하였던 시절에 대한 향수를 지니면서 자신은 그 어느 것에도 보답할 수 없으리라는 것을 잘 알고 있는데도— 스승은 흐뭇해한다. 이와 같이 해서 여러 세대에 걸쳐 정신이 정신을 낳는 것이며 인간의 역사는 다행스럽게도 증오 못지않게 찬미의 바탕 위에도 건설되는 것이다.

알베르 카뮈, 「섬에 부쳐서」, 『섬』(민음사, 2012), pp.12-13.

장 그르니에를 존경했던 카뮈의 말이 인두처럼 가슴을 지진다. 아, 나처럼 적개심으로 불타는 인간은 결국 자신이 주인이 되는 동시에 노예가 되어 서로 죽이는 비극을 맞이할 수밖에 없다. 1999년 봄, 뇌졸중으로 쓰러지셨다는 소식을 듣고 찾아갔을 때, 선생이 유독 나에게만 냉랭한 표정을 지었던 이유를 몰라 섭섭해하다가 뒤늦게 그 뜻을 알아차리고 이렇게 썼을 때, 선생은 이미 돌아올 수 없는 먼 곳에 계셨다.

선생님은 당신에게 영원히 늙지 말고 도도한 모습으로 살다 깨끗하게 퇴장하기를 요구하는, 관용이라고는 손톱만큼도 없는 강팍한 제자에게 병실에 누워 있는 초라한 모습을 보여주고 싶지 않았던 것이리라. 스스로 용납할 수 없는 병든 육신과 치열하게 싸움을 벌이고 계셨던 당신은 너도 늙어보면 안다는 궁색하면서도 가장 진솔

> 한 변명일랑 아예 입 밖에 꺼낼 생각도 하지 않고, 교만한 제자에게 맞서주셨던 것이다. 늙은 사자의 거오한 모습으로…….
>
> 고재석, 「바람소리, 물소리 그 투명한 유산」, 『길 끝에서, 정상에서』(월인, 2004), p.18.

선생의 마음을 어느 정도 헤아리고 쓴다고 하기는 했지만, 그 때까지도 나는 선생이 누구보다도 늙은 스승을 바라보는 제자들의 이율배반적 심리를 잘 알고 있었음을 몰랐다. 선생이 오려 놓았던 신문기사에서 이런 대목을 보니 가슴이 아프나. 누구나 세월 앞에서는 무력한 것이다.

> 벌써 오후 3시가 됐다. 그는 3시 반에 아파트로 데려다 달라고 부탁했었다. 나는 돈을 지불했다. 사르트르와 번번이 식사하고도 내가 처음으로 또 마지막으로 치러보는 식사 값이다.
>
> 「사신에 약했던 사르트르 만년」, 위의 기사.

당신은 어떤 심정이었을까. "아무렴, 제자들에게 연민의 대상으로 전락하기 전에 깨끗이 죽어야지, 그렇고말고!" 이렇게 중얼거리면서 가위로 오린 기사를 책갈피 사이에 접어 넣었으리라. 아, 그런데 나는 그런 줄도 모르고, 이런 글을 썼구나. 욕망은 부재라는 사르트르의 말도, 풍수지탄風樹之嘆이라는 사자성어도 진실이었다. 그런데 무엇을 보여주려고, 어디에 쓰려고 책을 모아 놓기만 하다가 이제야 펼쳐 보고 후회하고 있단 말이냐. 책은 읽을 때만, 그것도 아주 잠시 내 소유가 된다는 사실을 이제야 깨달은 나는 그때도 가짜였고 지금도 가짜다.

낡은 신문기사가 접혀 있는 선생의 책을 들고 마당으로 나온다. 언제부터 내렸을까. 차가운 겨울비에 젖은 나뭇가지 위에서 참새들이 짹짹거리고 있다. 저들도 어느덧 젊은 사제에게 죽임을 당할 내일을 두려워하며 '황금가지(golden bough)'를 들고 네미(Nemi) 호숫가를 서성대는 늙은 사제가 되어 버린, 교만하고 어리석은 제자를 조롱하는 듯하다.

2015.02.19

빈둥거림의 미학

어떻게 보면 정신적인 여유로움이랄까, 아니면 당시 일본의 조각 수준에 영 만족하지 못했던 것일까. "빈둥빈둥하는 정신의 여유를 가지고 있었다."는 박갑성의 증언은 김종영이 예술가로서 가진 태도, 자기가 가야 할 길에 대한 자신감을 지닌 자들이 보여주는 여유만만함을 반영하기에 족하다. 어쩌면 이는 그가 유년기부터 받았던 사대부의 훈도에서 기인한 것이 아닐까. 그는 예술가이기에 앞서 한 사람의 선비였으며, 선비로서 지녀야 할 삶의 방식을 이미 청년기부터 철저히 체득했다고 보아야 할 것이다.

오광수, 『김종영』(시공사, 2013), pp.37-39.

이런 정신적인 여유가 못내 부럽다. 그러나 나는 관조하고 침묵하는 대신 '질투는 나의 힘'이라고 외치고, 사람들을 노려보며 살았다. 그래야만 목적한 길을 흔들리지 않고 갈 수 있을 것 같았다. 강하고도 나약한 인간이었다. 그러나 어떤 부모가 자식을 가난하게 키우고 싶어 했을 것이며, 이 사회가 나에게만 힘들게 살라고 강요했겠는가. 불만의 원인을 외부에서 찾기 전에 내면에서 찾고 자기 발전에 힘썼으면 좋았으리라.

> 견해, 또는 판단의 주관적 타당성은 (동시에 객관적으로 타당한) 확신과 관련해서 다음과 같은 세 단계 곧 의견, 믿음(신앙, 신념), 앎(지식)을 갖는다. 의견이란 객관적으로뿐만 아니라 주관적으로도 불충분함을 의식하는 견해다. 견해가 단지 주관적으로 충분하되, 동시에 객관적으로는 불충분한 것으로 여겨진다면, 그것은 믿음이라고 한다. 마지막으로 주관적으로뿐만 아니라 객관적으로도 충분한 견해는 앎이라고 일컫는다. 주관적으로, 충분함을 일컬어 (나 자신에 대한) 확신이라 하고, 객관적으로 충분함을 (모든 사람에 대한) 확실성이라 한다.
>
> 임마누엘 칸트, 백종현 옮김, 『순수이성비판 2』(아카넷, 2006), p.947.

판단하지 않는 감각은 순수하다. 그러나 나는 예술이란 이런 것이어야 한다거나, 이래야 한다면서 허상을 끊임없이 만들었다. 촛불은 가만히 있는데 입김으로 불어 가며 흔들었던 셈이다. 현상도 감관도 착오를 하지 않지만, 판단하는 내가 문제였다. 더구나 그 판단은 일그러지고 낡았으며, 옳지도 않았다. 나만 옳다고 믿었다. 임마누엘 칸트(Immanuel Kant, 1724–1804)의 견해를 존중한다면, 지금까지의 삶은 앎에 도달하기 위한 과정이었다고 할 수 있다. 오늘도 쓰고 또 쓰면서 산만했던 견해를 정리하는 이유가 여기에 있다.

> 조각가 김종영이 고독하다는 것은 선천적인 그의 체질 때문이지만 그 고독은 그의 인격을 완성하고 예술을 형성하는 데 큰 힘이 되었던 것이다. 침묵에 사로잡혀 눈으로만 자연의 신비와 우주의 아름다움을 응시하고 있는 조각가 김종영의 고독한 모습은 그가 타고난 천성인 고독한 성격과 후천적으로 닦은 침묵의 대가였던 것이다.
>
> 오광수, 『김종영』, 위의 책, p.196.

미술평론가 이경성(1919-2009)의 말을 인용한 부분이다. 김종영의 막내아들인 병태가 훗날 자기 아버지를 평가할 때 유용한 자료가 되었으면 좋겠다며 증정했던 『초월과 창조를 위하여』(열화당, 1983)를 펼쳐 본다. "그 언젠가 선과 선의 만남이 면이 되고, 면과 면의 만남이 공간이 될 것을 기대하면서……."라고 속지에 적어 놓은 메모가 보인다. 그러나 초월과 창조는커녕 활활 타오르는 장작처럼 살지도 못하고, 불만과 소외의 습기에 젖어 아까운 시간만 매운 연기로 날려 보냈다. 그렇다고 나쓰메 소세키(夏目漱石, 1867-1916)가 1909년에 발표한 『그 후』의 주인공 다이스케처럼 고등유민高等遊民으로 살았던 것도 아니다.

그는 인간이란 어떤 목적을 가지고 태어나는 것은 아니라고 생각했다. 그 반대로 인간은 태어나서야 비로소 어떤 목적을 가지게 되는 것이다. 처음부터 객관적으로 어떤 목적을 만들어서 그것을 인간에게 부여하는 것은 그 인간의 자유로운 활동을 태어날 때 이미 빼앗은 것이나 다름이 없다. 따라서 인간의 목적이란 태어난 본인 스스로가 만든 것이어야만 한다. 그렇지만 어떤 사람이라도 그것을 마음대로 만들 수는 없다. 자기의 존재 목적은 자기 존재의 과정을 통해 이미 천하에 발표한 것과 마찬가지기 때문이다.

이런 전제에서 출발한 다이스케는 자기 본래의 활동을 자기 본래의 목적으로 삼고 있었다. 걷고 싶으니까 걷는다. 그러면 걷는 것이 목적이 된다. 생각하고 싶으니까 생각한다. 그러면 생각하는 것이 목적이 된다. 그 이외의 목적을 가지고 걷거나 생각하는 것은 보행과 사색의 타락이 되는 것과 마찬가지로, 자기 본래의 활동 이외에 어떤 목적을 세워서 활동하는 것은 활동의 타락이 된다. 따라서 자기의 모든 활동을 한낱 방편의 도구로 삼는 것은 스스로 자기 존재의 목적을 파괴하는 것이나 마찬가지이다.

나쓰메 소세키, 윤상인 옮김, 『그 후』(민음사, 2003), p.180.

부유한 사업가의 둘째 아들인 다이스케는 우연적이고 무상적無償的인 인간의 존재 이유는 오롯이 어떤 행동을 하느냐에 달려 있다고 자각했던 근대인이다. 그래서 그는 무위도식을 속악한 부

르주아 사회로부터 스스로의 정신적 우위를 지켜 낼 저항 수단으로 치부한다. 김종영이 일제 강점기에 보여준 '빈둥빈둥하는 정신의 여유'도 이런 의미로 해석할 수 있다. 그는 경남 창원으로 낙향하여 풍족하게 살았던 사대부가의 후손이었다.

그에 비하면 늘 초조하고 강팍하게 살았던 나……. 부끄럽다. 그러나 예술은 옛날에도 있었고, 지금도 있으며, 앞으로도 있다. 서두를 것 없다. 또한 청고고아淸高古雅한 뜻은 가슴속에 문자향과 서권기가 들어 있지 않으면 능히 완하腕下와 지두指頭에 발현되지 않는다고 했으니 마지막 그날까지 노력하고 또 노력할 뿐이다. 가자. 비우고 채우고, 채우고 비우다 보면 어느 날 모과나무와 감나무처럼 살고 싶다고 수수재라고 새긴 현판을 부끄럽지 않게 올려다볼 수 있는 날이 찾아올지도 모른다.

2015.02.21.

자유방임형 인간의 외출

할 수 없다. 누굴 탓하겠는가. 그동안 혈기부족처럼 살았으니 대인관계에서 서툴고, 빈약한 사회관계자본을 가질 수밖에 없지 않은가. 감수할 수밖에 없다. 남들 앞에 나서는 것을 두려워해 몸을 사렸고, 할 일 없는 사람처럼 독서나 하며 지냈으니 보직을 맡기에는 역부족일 수밖에 없다. 그런데 왜 그걸 인정하는 대신 아내에게 새카맣게 탄 얼굴을 들이대며 서재로 다시 돌아오고 싶다고 푸념을 했더란 말인가.

오랜 세월 아끼던 선배와 후배의 낯설고 날선 모습에 충격을 받고 분노와 실망감에 건강마저 잃은 인간이 평생 안 하던 보직을 맡았다. 물론 지난 2004년 1년 남짓 맡았던 대학신문사 주간도 보직이라면 이 말은 거짓말이다. 그래서일까. 아내는 10여 년 만에 일찍 출근하는 게 신기하기도 하고 후련하기도 해서인지 즐거워했다. 그런데 어제 느닷없이 사표를 내야겠다는 남편의 폭백을 듣고 아내는 난감한 표정을 지었다. 씁쓸하다. 사내란 모름지기 집을 나가야 하는가 보다. 이른 아침이라 승객은 몇 사람 없지만 여름 공기는 벌써 눅눅하다. 모자라는 잠을 보충하려는 신입 사원처럼 의자에 등을 붙이고 질끈 눈을 감는다. 버스는 이제야 석수역을 지나는 모양이다. 며칠 전부터 읽고 있는 『제르미날』의 한 대목이 떠오른다.

> 그 무렵 에티엔의 머릿속에서는 수많은 생각이 서로 충돌하고 있었다. 그때까지 그는 동료들의 은밀한 부추김 가운데 본능적인 반항심만을 느끼고 있었다. 온갖 혼란스러운 질문이 그를 괴롭혔다. 왜 누구는 찢어지게 가난하고, 누구는 저토록 호의호식하며 살아가는가? 어째서 어떤 사람들은 평생 동안 누군가의 발아래에서만 살아가야 하는가? 그 누군가의 자리를 차지할 수 있다는 희망 따위는 한 번도 품어보지 못한 채? 에티엔이 처음으로 거쳐야 할 단계는 자신의 무지를 깨닫는 것이었다. 그때부터 그는 내밀한 수치심과, 드러내놓을 수 없는 괴로움에 부대껴야 했다. 그는 아는 게 아무 것도 없었다. 그래서 그가 심취해 있는 문제들, 그러니까 인간의 평등과 세상의 재물을 똑같이 나눠가질 것을 주장하는 공평함을 밖으로 내놓고 얘기할 용기가 없었다. 그래서 그는 공부를 하고자 했지만, 체계적이지 못하고 단지 배움을 향한 열의로만 가득한 무지한 자의 시도에 그칠 뿐이었다.
>
> 에밀 졸라, 박명숙 옮김, 『제르미날 1』(문학동네, 2014), pp.257-258.

에티엔처럼 본능적인 반항의 힘으로 불합리와 대결했던 청춘이었다. 그러나 더 이상의 조직화나 체계화는 역부족이었다. 학습 경험도 없었고, 도와줄 만한 멘토도 없었으며, 하려는 의지도 없었다. 자아의 사회화를 포기하고 독선과 아집으로 무장했다. 일본이 패망한 것도 모르고 필리핀의 정글 속에서 일인一人 군대를 통솔했던 오노다 히로(小野田寬郎, 1922-2014)처럼, 나만의 일기장 속으로 숨어들었다. 일기장은 격절과 단절에서 오는 절망감과 소외감을 다독이는 데 가장 적합한 은신저였다. 세상이 얼마나 빠르게 변화하고 있는지도 모르고, 자신이 파 놓은 환상과 합리화의 동굴 속에서 구렁이처럼 지냈다.

그때부터 에티엔도 점점 달라졌다. 빈곤함에 묻혀 잠들어 있던, 멋과 안락함을 향한 본능이 깨어난 그는 나사羅紗 모직 옷들을 사들이고 고급 부츠도 한 켤레 샀다. 그리고 단번에 지도자로 부상하면서, 탄광촌 사람들이 그를 중심으로 모여들었다. 자존심의 달콤한 충족을 경험한 그는 처음으로 맛보는 대중적인 인기의 쾌감에 흠뻑 빠져들었다. 그토록 젊고 얼마 전까지만 해도 일개 인부에 불과했던 그가 수많은 사람들을 통솔하는 맨 윗자리에 우뚝 서다니! 그런 생각은 그를 자부심으로 충만하게 했고, 그가 하나의 역할을 해낼 임박한 혁명의 꿈을 더욱더 자라나게 했다. 그는 얼굴 표정이 바뀌면서 늘 진지한 모습이었고, 자기가 하는 말 하나하나에도 주의를 기울였다. 새로이 싹트는 그의 야심은 그의 이론에 불을 붙이면서 투쟁에 대한 일념을 심어주었다.

pp.268-269.

교만했다. 오랜 강사 생활 끝에 교수로 임용되자 맥이 풀렸는지 그때부터 지인들과 술을 마시고, 사랑을 노래하며, 여행을 다니면서 세월을 낭비했다. 세상은 넓고 할 일은 많으며, 잘난 사람은 넘치고도 남는다는 사실을 모르지 않았지만, 한번 풀린 긴장의 신발 끈은 좀처럼 조여지지 않았다.

아, 무엇이 두려워 자리에 연연하며, 무슨 계산이 많기에 우리는 이토록 침묵을 하는가. 가면을 쓰고 살다가 그것이 제 살이고 제 얼굴인 줄 알고 살았던 한 과대망상증 환자, 젊은 여인에게 속은 나도 피해자라는 변명도 구차하고, 책임을 지겠다고 공언하고도 공업共業 운운하며 우리 모두 속죄해야 한다는 논리도 가증스럽다. 전임자의 과오지 내 과오가 아니라고 손사래 치며 철밥통 사회(?)를 깨뜨리는 역사적 사명을 구현하겠다는 다짐도 공허하다. 아니, 사태가 어떻게 발전할지 모르니 조금만 더 지켜보자며 만류하며 오늘도 머뭇거리고 있는 우리들은 더욱 한심하다. 그런 의미에서 우리는 이른바 공업을 나누어 갖고 밥을 벌어먹어야 하는 동업자인지 모른다. 비에 젖어 우는 만해시비萬海詩碑가 오늘따라 더욱 처연하다.

가면, 가면, 가면……. "호호. 당신들 가면과 내 가면의 두께를 한 번 재어 보실래요? 누구 것이 더 두껍고 얇은지." 태평양 너머에서 비웃는 그녀의 웃음소리, 그 웃음소리…….

고재석, 「가면의 웃음과 님의 침묵」, (2007.09.06, 학내 그룹웨어에 올린 글 일부)

방만하게 살았던 지난날을 후회하던 2007년, 그룹웨어에 이렇게 글을 올리고, 신정아 사건의 책임자 사퇴를 요구하는 교수들 중 한 사람이 되었다. 그러나 자기 보호에 민감한 지식인들의 맨얼굴은 예상과 다르지 않았다. 다시 어두컴컴한 서재로 돌아왔다. 이후, 양광도회養光韜晦 또는 자복기雌伏期라고 의미를 부여하기에는 너무 나이가 많은, 유식교수遊食教授(?)의 은밀한 사생활은 다시 시작되었다. 그 사이에 딸아이가 결혼을 했다. 30여 년 간직해 온 가족이라는 환상이 깨어지는 순간이었다. 무엇을 하고 살았던가…….

새로운 변화가 필요했다. 소년처럼 책을 읽고 일기를 쓰면서, 오랜 세월 간직해 온 우정도, 마음의 멍울처럼 남았던 미술도, 서러운 영혼을 위로해 준다고 믿었던 여인들도 모두 고아의식이 빚어낸 환상임을 깨달았다. 그리고 신정아 사건으로 소외되었던 사람들의 상처투성이 귀환이 8년 만에 이루어지면서 보직을 맡게 되었다. 도대체 이것이 무엇이기에 한번 맡으면 인간성마저 달라진 듯 낯설음을 안겨 주는지 궁금하기도 했고, 더 이상 새로운 체험을 미룰 수 있는 나이도 아니었던 것이다.

자유방임형 인간의 어설픈 외출은 이렇게 시작되었다. 막상 맡고 보니 보직이란 결국 하나의 프레임(Referenzrahmen)이고, 보직자들은 거기에 순응할 수밖에 없는 직능인임을 알았다. 학교의 발전적 운영이라는 가치체계를 공유하는 보직자들에게 개성은 필요하지 않고 역할만 필요하다. 어떤 개인의 인격적 특성보다 상황이 우선하기 때문이다. 더구나 에티엔이 사랑한 라 마외드의 말처럼, 그 누가 그 자리에 들어온다고 하더라도 세상은 쉽게 달라지지 않는다. 나 역시 전임자와 똑같은 존재일 뿐이다. 그래서일까. 익숙해질 때가 되었건만 사무실은 여전히 낯설기만 하다.

> "아니, 그건 안 될 말이에요." 라 마외드가 정색을 하며 말했다. "그 누구의 죽음도 바라서는 안돼요. 그래봤자 달라질 건 없으니까. 그러고 나면 또 다른 사람들이 나타날 테니까……. 다만 내가 바라는 건, 그 사람들이 좀더 현명하게 처신하는 거예요. 난 그들이 그럴 수 있을 거라고 믿어요. 어디에나 좋은 사람들은 있기 마련이니까……."
>
> 에밀 졸라, 『제르미날 1』, 위의 책, p.356.

너무 오랫동안 거칠게 살았다. 그래서 순리에 맞게 일을 처리하고 양심에 비추어 거리낌 없는 보직자가 되어 보자고 다짐한다. 하지만 아침마다 쓰린 눈을 비비고 일어나는 것부터 여간 힘든 일이 아니다. 하루에도 몇 번씩 달아나고 싶은 충동을 느낀다. 아직 시간의 균질성에서 우위를 점한 전철보다 버스를 선호하는 것은 여전히 보직사회에 적응하지 못하고 있음을 보여주는 단적인 증거이기도 하다. 쓴웃음이 나온다. 버스가 대한극장 앞을 지나고 있다. 하차 벨을 누른다.

남산에 산책을 다녀오는 사람이 동악루를 따라 내려오고 있을 뿐, 후문은 한가하다. 부시런한 사람들도 많구나. 천천히 아침 교정을 걸어 올라가는 것만 해도 즐거운 경험으로 받아들이기로 하자. 아, 저 만해광장 옆의 느티나무는 신입생 시절에도 있었는데……. 무심코 지나쳤던 교정의 풍경들이 낯설게 다가온다. 아침 예불을 알리는 독경 소리가 들려온다. 그래, 주어진 임기를 채우지 못하고 사표를 낸다는 건 너무 무책임한 일인지도 모른다. 사무실에 들어가면 잘 도착했다고 아내에게 카톡을 보내야겠다. 남산을 타고 불어오는 훈풍이 싱그럽게 코끝을 스치고 지나간다.

2015.06.24

여자, 여자, 여자

오카다에게 여자란 단지 아름답고 사랑스러운 존재로, 어떠한 경우에도 평온하게 그 아름다움과 사랑스러움이 지켜져야 한다고 생각했다. 아마도 평소 늘 고렌체의 시를 읽거나 감상적이고 숙명론적인 명청시대의 소위 이름난 문인들의 글을 읽는 사이에 자신도 모르게 영향을 받아서일 것이다.

모리 오가이, 권태민 옮김, 「기러기」, 『아베 일족』(문학동네, 2011), p.105.

위의 글은 정신없이 걷다가 돌부리에 걸려 넘어질 때와도 같은 아찔함을 안겨 준다. 여자란 어떤 존재인가를 한 번도 반문했던 적이 없었던 것이다. 너무 당연하게 생각하다가 그만 잊어 버렸던 것일까. 저 멀리 예쁜 여자아이만 보면 뒷걸음치는 내가 보인다. 가끔 집에 놀러오던 순옥이 아줌마는 방구석에 앉아 있는 나를 눈짓으로 가리키며 말했다. "언니네 셋째는 참 야사시해!" 어린 마음에도 그렇게 나쁜 일본 말은 아닌 것 같았다. 귓불을 붉히며 슬그머니 문밖으로 나오면, 어머니가 웃으며 말하는 소리가 멀리서 따라 나왔다. "글쎄 말이야. 사내 녀석이 계집애처럼 양쪽 볼에 보조개까지 다 파이지 않았네?"

왜 부끄러움을 많이 탔을까. 본래 새침한 성격이었는지 모른다. 그러나 이런 소극성은 원남동에서 살던 사촌 누나가 배밭골 우리 집에 놀러 왔던 그날부터 시작된 것 같다. 혼곤히 낮잠을 자다가 인기척에 눈을 떴다. 새하얀 얼굴에 핑크빛 머리핀을 꽂은 어떤 여자아이가 방긋 웃으며 내려다보고 있었다. 사촌 누나의 첫째 딸이라고 했다. 오줌 누러 간다고 눈을 열고 마루에서 내려오다 빤짝거리는 검정색 에나멜 구두를 밟을 뻔했다. 그 아이의 것이었다.

흙벽돌에서 풍겨 나오는 큼큼한 냄새를 싫어할 것 같은 저 아이가 우리 집에는 왜 왔지. 그리고 우리 가족들은 왜 저 아이를 인형처럼 앉혀 놓고 빙 둘러앉아 웃고 있단 말인가. 저 아이가 비뚤어진 내 앞니를 보고 웃으면 어떡하나. 오줌은 다 눴고 잠은 벌써 달아났지만, 들어가지도 못하고 마당에 한참 서 있었다. 신촌에서 살 때 큰형 목말을 타고 불구경 가다가 옆집 아이가 휘두르는 빗장 쇠에 맞고 부러진 다음부터 비뚤게 나와서 울고 싶었던 앞니를 만져 보았다. 손가락에 툭 걸리는 느낌이 너무 싫었다. 아, 이런 사정을 저 아이에게 알려 줄 수도 없지 않은가. 근데 저 아이를 겁먹은 표정으로 바라보는 여동생의 얼굴은 오늘따라 왜 더 검은 걸까. 겨우 문을 열고 들어갔더니 악수를 시켰다. 겁먹은 강아지처럼 쭈뼛거리며 손을 뒤로 빼고 물러섰다. 순간, 사촌 누나와 온 가족이 어린 녀석의 조숙한 낯가림을 본 것처럼 와, 하고 웃었다.

그 이후의 기억은 없다. 영화 〈사랑손님과 어머니〉에서 옥이가 나비 모양의 머리핀에 허리가 잘록한 원피스를 입고 하얀 스타킹에 검정색 에나멜 구두를 신은 걸 보고 씁쓸하게 웃었던 것은 그로부터 한참 지난 후의 일이다. 그날 나는 줄장미가 담장에 예쁘게 매달린 이층집에서 산다는 그 아이에게 헐렁한 반바지 밑으로 드러난 꼬질꼬질한 무릎과 버짐이 피어 있는 얼굴을 보여주기 싫었다. 옥이처럼 차려 입힌 딸아이를 자랑하고 싶었던 사촌 누나는 그런 마음을 알 수 없었으리라. 그날 이후 그 아이가 우리 집에 온 적은 없다.

그날의 수치스러웠던 기억은 불과 몇 년 후 닥쳐 온 아버지의 죽음 앞에서 당돌해질 수 있는 아망의 옹이가 되었다. 어린 동생들을 양팔로 끌어안고 저 멀리 논둑을 따라 내려가는 운구 행렬을 툇마루에서 오도카니 내려다보고 있었다. 이모와 사촌 누나가 다가와 말했다. "재석아, 장례식 끝나면 집으로 놀러 오로마!" 나는 쳐다보지 않고 말했다. "이 다음에 돈을 많이 벌기 전에는 이모네 집에 죽어도 놀러가지 않을 거예요." 아지랑이가 유난히 많이 끼었던 그날, 이모가 검정색 코트만 입고 왔더라도 그런 잔망스러운 말대꾸를 하지 않았을지 모른다. 버려진 아이, 상처받은 영혼 마리 앙젤리크의 모습은 남의 일 같지 않다.

> 그토록 무기력한 자존심, 가장 힘세고 싶은 그 강렬한 열정이 아이의 몸을 들어 올렸다. 그때 아이는 오히려 작은 여자처럼 느껴졌다. 위베르 부부는 충격을 받았다. 그들은 더 이상 그 아이에게서 바이올렛 빛깔의 눈과 백합처럼 우아한 긴 목을 지닌 금발소녀의 모습을 찾아볼 수가 없었다. 얼굴 위로 증오심이 떠오르며 아이의 눈은 검은색으로 변했고, 육감적인 목은 물밀듯 치솟는 피로 부풀어 올랐다. 이제 몸이 데워졌는지 아이는 일어나 휘파람을 불었다. 마치 눈 위에서 잡아온 물뱀 같았다.
>
> 에밀 졸라, 최애영 옮김, 『꿈』(을유문화사, 2008), pp.18-19.

그때부터 얼굴이 하얗고 예쁘게 차려입은 여자아이들은 높은 담장 안의 장미꽃처럼 느껴졌다. 양미간을 찌푸리고 사나운 눈빛으로 그들을 먼발치에서 노려보던 소년이 안네 프랑크를 첫 기억의 소녀처럼 그리워하며 가슴 아파했던 것은 우연이 아니다. 파트라슈와 함께 네로를 아껴 주는 알로아는 언제나 그리운 마음속의 소녀였다. 안데르센(H.C. Andersen, 1805-1875)의 「썩은 사과」에 나오는 착한 할미니는 미래의 아내였다. 물론 송아지를 썩은 사과 흰 자루로 바꿔서 집에 가지고 들어와도 잘했다고 칭찬하는 아내는 동화 속에만 있다는 걸 뒤늦게 알았지만, 그때는 그렇게 믿었다. 그래서 학생 잡지 『학원』에 부록으로 실렸던 황순원(1915–2000)의 「소나기」를 우연히 읽고 며칠 동안 물도 마시기 힘들어했으리라. 서울에서 살다 망해서 내려온 병약한 윤초시네 손녀라면 얼마든지 손을 내밀 수 있을 것 같았던 것이다.

어린 시절, 편하게 만나 이야기할 수 있는 여자아이는 없었다. 대학에 들어와서도 사정은 달라지지 않았다. 친구들에게는 안 하는 거라고 강변했지만, 그 흔한 미팅 한번 해 보지 못하고 졸업했다. 결핍된 환경을 뼈저리게 의식하며 살아야 하는 자신을 저주하듯이 돈은 더럽고, 여자는 간사하며, 권력은 유한하다고 어금니를 악물었다. 하지만 선망과 질투의 창문까지 닫아걸었던 건 아니다. 발바닥이 뜨거워 버둥거리면서도 방을 벗어날 수 없어 울어 대는 고양이 새끼와도 같았다. 예쁜 여자를 보면 머리를 들이대고 허리를 꼬아 가며 좋아하다가도, 조금이라도 낯설게 하거나 있는 티를 내면 날카로운 발톱으로 할퀴고 이빨로 물어뜯었다. 유흥업에 종사하는 여성들에게 그런 생활 그만두고 나랑 살자고 간청했던 젊은 날의 순정(?)은 이런 심리적 요인을 살펴볼 때 이해된다.

한 인간의 바람기란 도화살桃花煞만으로 설명되지 않는다. 비록 내가 저지른 죄는 아니지만, 가난은 어린 마음에 깊고 굵은 상처를 남겨 놓았다. 선망과 경멸, 사랑과 미움, 자학과 피학 사이를 오가며 양가 심리의 소유자가 되었다. 좋아하면서도 미워하고, 도망가면 따라가고, 다가오면 물리치는 악순환이 거듭되었다. 인지부조화의 오류를 극복하기 위한 노력이 하루라도 빨리 시작되지 않으면 안 되었다.

안타깝다. 좀 더 평온한 환경에서 성장했더라면 어땠을까. 그러나 일그러진 환경과 성도덕의 시험관에서 배양된 여성관은 불온하기만 했다. 외로움을 타면서 자학하고, 괴롭히며 자책감에 시달렸다. 비겁하게도 약한 여자들에게 문신술사처럼 나를 새기고 또 새겨 넣었다. 여자에게만 그랬던 것도 아니다. 고아의식은 타인에 대한 무비판적 신뢰와 비이성적 불신의 양극단을 낳았다. 지난 1972년 고1 때부터 40여 년간 쌓아 왔던 선배와의 우정마저 환상이었다고 선언하고 절연하는 파괴력은 이런 극단성에서 비롯된다.

어처구니없는 만행을 자행한 자의 뒤늦은 자각인가. 이제 뿌옇기만 하던 그들의 속살이 조금씩 보인다. 좋아하거나 미워했던 사람들의 마음 끝자락이 들여다보인다. 환멸이다. 아니, 체념이다. 마음이 여려서 더욱 거칠고 위험했던 고아의식의 소유자가 방황을 그치고 제자리로 돌아오기까지 기다려 준 아내가 고맙다. 그러니 동화 속의 영산처럼 각히지도 않은 남편 때문에 생긴 눈가의 주름과 홀쭉한 뺨은 어떻게 펴고 메워 준단 말인가.

"커피 안 마실래요?" 그러나 부끄러운 회상의 세난에 앉아 있던 나는 문지방을 넘어오는 아내를 돌아나볼 자신이 없어 컴퓨터

모니터만 쳐다본다. 오늘도 학교 일로 신경을 곤두세우고 뭘 쓰고 있는 중인가 하고 생각했는지, 아내는 조용히 커피 잔과 과일이 담긴 접시를 내 쪽으로 밀어 놓고 보조의자에 앉는다. 순간, 회상의 돌부리에 걸려 넘어지면서 덮어 버렸던 작품에서 모리 오가이(森鷗外, 1862–1922)가 이렇게 한 말이 눈에 들어온다. —"한 인간이 가진 모든 정력을 한곳에 쏟아 부으면 실제로 불가능한 일은 없을지 모른다."

아, 이제부터라도 속죄하고 산다면, 지난날의 방황과 객기를 용서받을 수 있을까. "이 커피, 내린 거야? 향기가 좋네. 당신 거는?" 너스레를 떨며 기지개를 펴는 머리 위로 8월의 햇살이 유리창을 뚫고 따갑게 내리퍼붓는다. 아내야말로 안데르센 동화 속의 할머니이기를 마지않았던 알로아인지 모른다.

2015.08.09

입 없는 아이

나는거울있는室內로몰래들어간다.나를거울에서解放하려고.그러나거울속의나는沈鬱한얼굴로同時에꼭들어온다.거울속의나는내게未安한뜻을傳한다.내가그때문에囹圄되어있드키그도나때문에囹圄되어떨고있다.

이상, 이어령 편, 「詩第十五號 2」, 『이상시전작집』(갑인출판사, 1978), pp.31-32.

허명에 미련을 두지 말라. 무슨 의미가 있단 말인가. 책상 앞에 놓인 거울을 보며 가끔 이렇게 중얼거린다. 그러나 호손(N. Hawthorne, 1804-1864)의 『큰 바위 얼굴』을 국어책에서 읽고 주인공 어니스트처럼 살고 싶다고 했던 소년의 모습은 가뭇없이 사라지고, 추한 모습의 사내가 멀뚱멀뚱 쳐다보고 있다. 저 사람이 나란 말인가? 거울 속의 내가 나를 보고 묻는다.

거울을 들여다보다가 문득 어렸을 때 샀던 다른 출판사판 이상 전집이 생각나서 찾아본다. 재야운동가이자 친일문학 연구자였던 임종국(1929-1989)이 편집한 『이상전집』(문성사, 1966)은 서재 한구석에 잘 꽂혀 있었다. 속지를 보니 초록색 사인펜으로 "70.11.13. Jaeseok, Ko"라고 적혀 있다. 처음 보는 형식의 글도 많았고, 중학생이 가지기에는 거창한 케이스 양장본이었지만, 사고 말았다는 뿌듯함에 이리저리 뒤져 보던 기억이 오늘처럼 생생하다. 그래서 이렇게 「오감도」를 흉내 낸 시를 썼었나 보다.

그의 입은 이상하다. 입이 잘 열리지가 않는다는 것이다. 그는 항상 불안에 떨고 있다. 그는 결국 입 없는 아이가 되었다. 그는 고독을 느낀다. 고독이 뭔지 모르지만 그저 고독인 것 같다고 했다. 요즈음 그는 무작정 걷는다. 그는 가끔 자기를 본다고 한다. 그는 무척 정직하고 순수해 보였다고 한다. 그러던 어느 날 그는 무지개가 되었다. 그는 그 무지개를 잡으려 발을 동동 굴렀다. 그러나 그 무지개는 어느 사이엔가 그의 곁을 떠나 버렸다. 그 후 또 어느 날인가 그는 예쁜 파랑새를 보았다. 그는 억척스럽게 파랑새를 따라다녔다. 그러나 파랑새는 푸른 하늘에 숨어 버렸다. 그 후 또 어느 날인가 그는 조그만 샘을 보았다. 이번에 놓치지 않으리라. 잽싸게 달려가서 잡았다. 심한 갈증을 느낀다. 벌컥! 벌컥! 아, 목이 간지럽다. 그는 샘을 들여다본다. 거기엔 소년이 있었다. 그는 그제서야 깨닫는다. 자기가 남자인 것을. 그는 상기되어 부르짖는다. 아! 나는 남자였구나.

고재석, 「입 없는 아이」, 『숭덕』 2호(1971.2), p.79.

학교 앞의 헌책방에서 이 책을 샀던 1970년 겨울, 점심시간이었다. 2학년 담당 국어 선생님이 교실 문을 드르륵 열고 들어와 내 이름을 불렀다. 교지에 실을 거니까 좀 더 손을 봐오라며 지난주 국어 시간에 썼던 원고를 내게 돌려주고 돌아서던 선생님이 생각난 듯 발걸음을 멈추고 빙그레 웃으며 말했다. "글은 좀 써봤나? 근데 어디서 좀 본 것 같던데……." 나는 대답을 못하고, 얼굴이 빨개진 채 축축한 목덜미에 달라붙는 하얀 플라스틱 칼라만 손가락을 넣어 만지작거려야 했다. 인정을 받았다는 기쁨보다 비밀을 들킨 것 같아 식은땀이 났던 것이리라. 스스로 그리지 못하고 어떤 매개물이 있어야만 그림을 기막히게 그릴 수 있었다는 이상의 시를 앙큼하게 모방한 시는 이렇게 활자화되었다.

모사模寫의 특기는 과연 천재였다. 추사秋史의 선면扇面을 삽시간에 진필과 구별 못하도록 써내었고, 희롱 삼아 그린 10원 지폐가 서너 자尺 거리에서는 쉽사리 진짜와 분간이 가지 않았다. 그런데도 모델 없이는 얼굴 하나, 손 하나도 그리지 못했다. 일본 양화단洋畵壇에 이름이 높던 미나미 군조南薰造는 그렇게 유명한 대가인데도, 사과를 앞에 두지 않고는 사과를 못 그린다고 했다. 같은 화가라도 표지, 삽화로 이름난 미야모토 사부로宮本三郎 같은 사람은 그와는 정반대로 모델 없이 무엇이건 그려냈다. 이것은 본질적인 개성이라 흉허물 삼을 일이 못되지마는, 이상의 경우는 약간 극단이다. 잡지에 쓰일 어떤 작은 컷 하나도 반드시 어느 외국 잡지나 화보에서 따와야 했다. 이상의 화재畵材는 잡지 같은 일에는 맞지 않았다.

김소운, 『하늘 끝에 살아도』(동화출판공사, 1968), pp.291－292.

나이를 먹은 탓일까. 예전과 달리 김소운(1907－1981)의 회고에서 이상을 은근하게 야유하는 속내를 읽어내고는 혼자 피식 웃는다. 모방은 이상이나 김소운은 물론 학문과 예술을 하는 사람이라면 누구도 피할 수 없는 관문이자 숙명인지 모른다. 이는 지난 4일 타계한 르네 지라르(René Girard, 1923－2015)의 욕망의 삼각형(désir triangulaire) 이론을 통해서도 확인된다. 지라르는 욕망하는 주체와 욕망의 대상과 그 욕망의 중개자는 삼각형의 구조를 갖게 되며, 이처럼 간접화한 욕망을 욕망의 삼각형이라고 부른 바 있다. 요컨대 욕망의 주체에게 수직적 초월이나 비약은 불가능하다는 말이다. 그러므로 글쓰기에서 말하는 용사用事나 신의新意, 나아가 법고창신法古創新, 청출어람靑出於藍, 환골탈태換骨奪胎란 이런 욕망의 간접화를 수락했을 때 비로소 그 의미가 더욱 뚜렷해진다. 그런 점에서 김소운 역시 예외가 될 수는 없을 터이다.

그렇다면 굳이 이상에게 모방이란 '본질적 개성의 문제'이긴 하나, 그 정도가 '약간 극단'이었다고 지적할 필요가 있었을까. 온갖 풍문과 억측을 뒤로하고 죽음의 잿더미에서 불사조처럼 부활한 이상의 삶과 문학에 대한 질투 때문이 아니었을까. 하긴 그래서 릴케는 작가의 명성이란 그 이름을 둘러싸고 만들어진 오해의 총화라고 했는지 모른다. 다음 글은 이런 추측이 결코 지나친 것만은 아님을 잘 보여주는 듯하다.

> 그해 가을인가—서울로 온 나는 『조선일보』 소강당에서 열린 이상의 추도식을 구경했다. 먼 뒷자리에 앉아서—. 제 손으로 뼈를 주운 친구의 추도식 참례가 아니요, 어디까지나 '구경꾼'이었다. 사생死生의 경계와는 또 하나 다른 의미에서 나와는 인연도 상관도 없는 '스타아' 하나가 죽음이란 너울을 쓰고 성스럽게 등장하는 것을 보았다. 침통하고 장중한 추도시追悼詩며 조사弔辭들이 그 '스타아'의 등장을 알리는 팡파아르처럼 내 귓전을 스쳐 갔다.
>
> p.301.

그나저나 언어의 주술성이란 무섭다. 말이 씨가 된다고 하더니, 45년 전에 이미 오늘의 병을 내다보고 있는 듯하다. 이는 뒤집어 말하면, 나의 의식이란 참으로 성장이 더디다 못해 아예 제자리걸음을 하고 있다는 뜻이기도 하다. 성장이 정지된 것일까. 하긴 문예반 시절에도 환상방황(ringwanderung)—등산 용어로 본인은 도착지를 향해 직진하고 있다고 생각하지만, 결과는 같은 곳을 빙빙 도는 현상을 가리킨다—이란 말을 퍽이나 좋아했으니,

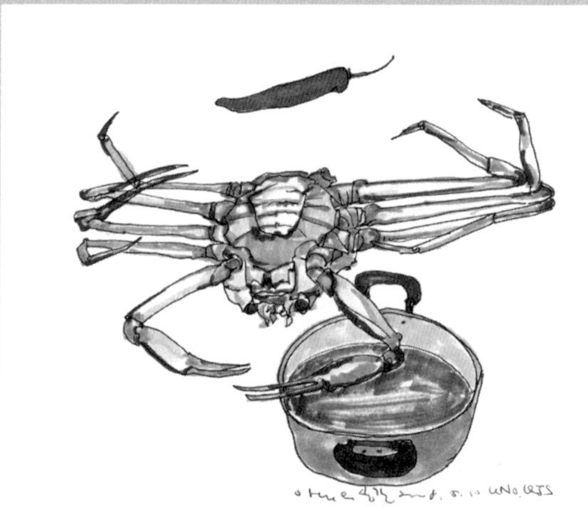

그 대가를 치르는 것인지 모른다.

너무나 짧은 인생인데 다른 사람의 잘못까지 어깨에 짊어지고 갈 수는 없는 노릇이 아닌가. 각자는 자신의 삶을 사는 것이고, 그 삶에 대한 대가도 각자가 알아서 치러야 하는 게 아닌가. 다만 한 가지 안타까운 것이 있다면 단 한 번의 잘못에 대해 너무 자주 대가를 치러야 한다는 점이다. 실제로 거듭해서 그 대가를 지불해야 한다. 인간과 거래하면서 운명의 여신은 결코 손해 보는 법이 없었다.

오스카 와일드, 『도리언 그레이의 초상』, 위의 책, p.293.

사람은 누구나 도리언 그레이처럼 숨겨 놓은 초상화를 갖고 산다. 너의 얼굴과 초상화는 이제 얼추 비슷해졌는가? 거울 속의 나는 대답이 없다. 다시 묻는다. 너는 더 바랄 것 없는 완전한 절망, 그 최선의 기쁨 속에서 죽고 싶다고 했던 소망을 이룰 자신이 있는가? 거울 속의 나는 눈만 끔벅거린다. 그러나 어린 시절의 엉터리 시에서 다짐했던 각오를 믿는다면, 사내라는 자각에 의해 지루한 병은 곧 나을 것 같다. 그렇다면 거울 속의 입 없는 아이는 그때쯤 환상방황을 끝내고 세상을 향해 나 여기 있다고 외칠 수 있을까. 글쎄다…….

2015.11.13.

사랑, 사랑, 내 사랑이야

무슨 꿈일까. 불을 켠다. 40분이나 기다리고 있다고 했다. 그녀는 물빛으로 밝아 오는 여명 속에서 서성이고 있었다. 많이 기다렸죠? 미안해요. 그러나 그녀는 아무 말 없이 선한 미소를 지으며 조용히 고개를 가로저었다. 땡……. 30분을 알리는 종소리. 5시 30분……. 40년 만에 만난 40분의 진실이란 말인가. 문을 열고 베란다로 나간다. 가로등 불빛이 감나무와 모과나무의 마른 가지 사이에서 가는 구리선처럼 엉클어지며 쏟아지고 있다. 아직 어둠에 젖은 동네는 조용하다.

1973년 겨울이었다. 명동극장에서 〈물망초〉를 보았다. 엔딩 크레디트가 오르고 불이 켜질 때, 눈시울이 젖은 그녀를 보았다. 어깨를 감싸 안아주고 싶었다. 황홀한 영혼의 피습이었다. 하지만 사회인이었던 그녀는 어설픈 감정의 확산과 지속을 원하지 않았다. 그녀는 나보다 세 살이 많았다. 대학 입학 후 나는 먼저 손을 내밀고 다가온 동급생 B를 만났다. 그리고 그해 눈부시게 푸른 오월 어느 날, 물망초의 기억으로 각인된 그녀는 말없이 시집을 갔다(고 생각했다). 아! 아니었다. 나는 그녀를 다음해 봄까지 만나고 있었다.

며칠 전, 신입생 시절에 따로 마련해서 기록했던 일지 두 권(1975.3.29.-12.31/1976.3.1-8.27)을 읽어 보다가 이 사실을 알았다. 당황스러웠다. 일지와 일기는 달랐다. 아니, 사실과 기억에는 많은 차이가 있었다. 거기 있다고 굳게 믿었던 것이 전혀 뜻밖의 장소에 있거나 아예 없는, 40년 동안 한 번도 청소하지 않았던 창고를 뒤지는 듯한 경험이었다. 특히 1975년 어느 봄날 떠난 줄 알았던 그녀가 1년 후에 시집을 간 것은 생각지도 못한 반전이었다.

> "역사는 부정확한 기억이 불충분한 문서와 만나는 지점에서 빚어지는 '확신'입니다."
>
> "그런가, 과연? 어디에서 읽었나?"
>
> 줄리안 반스, 최세희 옮김, 『예감은 틀리지 않는다』(다산책방, 2012), p.34.

처음 겪어 보는 대학 생활과 고된 아르바이트, 동갑내기와의 달콤한 만남 속에서 한 해가 저물고, 이듬해 어느 봄날 그녀가 직장을 그만두고 시집갔다는 소식을 전해 듣는다. 두 권의 일지는 이렇게 요약된다. 그러나 나는 이런 일들을 까맣게 잊고 지금까지 그녀를 슬프게 떠나간 첫사랑으로 그리워하며 가슴아파했던 것이다.

그러나 시간이란……. 처음에는 멍석을 깔아줬다가 다음 순간 우리의 무릎을 꺾는다. 자신이 성숙했다고 생각했을 때 우리는 그저 무탈했을 뿐이었다. 자신이 책임감 있다고 느꼈을 때 우리는 다만 비겁했을 뿐이었다. 우리가 현실주의라 칭한 것은 결국 삶에 맞서기보다는 회피하는 법에 지나지 않았다. 시간이란…… 우리에게 넉넉한 시간이 주어지면, 결국 최대한의 든든한 지원을 받았던 우리의 결정은 갈피를 못 잡게 되고, 확실했던 것들은 종잡을 수 없어지고 만다.

p.162.

우리의 추억은 정말 아름답고 슬펐을까. 혹시 그것은 왜곡된 기억의 덩어리는 아니었을까. 그럴지도 모른다. 우리는 더 우세한 기억을 보존하기 위해 덜 중요한 정보를 변경하고, 기억을 변형한다. 여기에 신경증적인 동기적 망각과 왜곡이 끼어든다. 부모나 형제에게 품은 과도한 분노같이 현실적으로 용납될 수 없는 감정의 경우, 희석하고 왜곡하기도 한다. 사람들은 정말로 그랬던 것처럼 만들기 위해 그런 식으로 기억하면서 비난을 모면하고 정서적 안정을 도모한다. 1970년 1월 5일부터 일기를 썼으니 누구보다 잘 기억한다고 자신했던 나 역시 예외는 아니었다.

좋아한다면 좋아해 주마. 이런 마음가짐으로 만났다가 심리적 역전을 허용했던 내게 B의 표변은 엄청난 충격이었다. 어떻게

든 무너진 자존심을 회복해야 했다. 현실은 바꿀 수 없지만 과거는 어떤 형태로든 바꿀 수 있다는 사실을 무의식으로 터득한 심리적 고아의 기억 편집은 이때부터 시작되었다. B와 나누었던 기억을 어둔 계곡에 던져 버리고, 그 자리에 그녀와의 추억을 심어 놓으면서 시간의 전복 또는 단축은 이루어졌다. 두 번째 일지가 8월 27일자로 중단된 것은 이와 무관하지 않다. 그날 이후 나는 일기장으로 다시 돌아갔다. 그리고 우듬지에 쌓인 눈의 무게가 너무 힘겨워 하얀 벌판에 몸을 누이는 소나무와도 같은 슬픈 이별의 기억을 만들었던 것이다.

어둠이 걷히면서 거리의 모습이 떠오르고 있다. 아, 나는 저 어둠 속에 묻힌 집들처럼 40년 동안이나 자기가 만든 환상 속에서 살아왔구나. 사람은 자기가 보고 싶어 하는 현실만 본다는 말은 진실이었다. 인지부조화 현상은 실재 사건이 기대에 어긋날 때 발생하는 것이라는 말은 틀리지 않았다. 이상과 현실의 부등식을 인정하고 싶지 않았기에 기억을 왜곡해서 저장했던 자의 새벽은 서늘하다. 하늘이 엷은 수묵 빛으로 서서히 트이고 있다.

죽은 자는 말이 없고, 살아 있는 자의 기록 또한 더 믿을 수 없다는 사실을 깨달은 오늘, 부끄럽기만 하다. 사랑은 완전한 이해의 별명이라는 말을 들으며 조용히 웃던 젊은 날의 아내 모습이 떠오른다. 정작 미안하다는 말을 들어야 할 사람은 그녀가 아니라 아내였다. 그녀는 꿈속에서 40분을 기다렸지만, 아내는 아무

죄도 없이 35년에 가까운 세월을 기다려야 했다. 아내는 나라는 심리적 고아가 어른이 되도록 조용히 기다려 준 진정한 의미의 첫사랑이었고 마지막 사랑이다.

돌아오는 5월이면 수수재로 이사 온 지도 어느덧 10년……. 아내가 좋아하는 라일락 한 그루를 마당 한구석에 심어 주어야겠다. 바람이 차다. 들어가야겠다. 라디오에서 「사랑가」가 흘러나오고 있다. "사랑, 사랑, 내 사랑이야. 사랑이로구나, 내 사랑이야."

2015.12.31

찾아보기

인명/한국

인명/중국

인명/일본

인명/외국

중요사항

참고도서

고재석, 『불가능한 꿈을 꾸는 자의 자화상』, 깊은샘, 2005
고재석, 『한국근대문학지성사』, 깊은샘, 1991
고재석, 『한용운과 그의 시대』, 역락, 2010
김소운, 『하늘 끝에 살아도』, 동화출판공사, 1968
김열규, 『아흔 즈음에』, 휴머니스트, 2014
김용준, 『근원선집 이후의 근원』, 열화당, 2012
김종영, 『초월과 창조를 위하여』, 열화당, 1983
김지원, 『김지원소설선집 1』, 작가정신, 2014
김지원, 『김지원소설선집 3』, 작가정신, 2014
김현경, 『김수영의 연인』, 책읽는오두막, 2013
김혜숙·윤재웅 외, 『길 끝에서, 정상에서』, 월인, 2004
박제가, 안대희 교감 역주, 『북학의』, 돌베개, 2013
서정주, 『서정주문학전집 3』, 일지사, 1972
오광수, 『김종영』, 시공사, 2013
유진오·이효석, 「김강사와 T교수/모밀꽃 필 무렵 외外」, 『한국소설문학대계 16』, 동아출판사, 1995
유진오, 『구름 위의 반상』, 일조각, 1966
이광수, 「무정 외外」, 『한국소설문학대계 2』, 동아출판사, 1995
이문구, 「장곡리 고욤나무 외外」, 『한국소설문학대계 55』, 동아출판사, 1995
이봉구, 『여수』, 민중서관, 1959
이상·김유정, 「날개/동백꽃 외外」, 『한국소설문학대계 18』, 동아출판사,

1995
이상, 이어령 편, 『이상시전작집』, 갑인출판사, 1978
이상, 임종국 편, 『이상전집』, 문성사, 1966
이옥, 실사학사 고전문학연구회 옮김, 『그물을 찢어버린 어부』, 휴머니스트, 2009
이원섭 역, 『노자/장자』, 대양서적, 1973
이중섭, 『그릴 수 없는 사랑의 빛깔까지도』, 한국문학사, 1980
이태준, 『소련기행·농토·먼지』, 깊은샘, 2001
지하련, 서정자 편, 『지하련전집』, 푸른사상, 2004
채만식, 「태평천하 외外」, 『한국소설문학대계 15』, 동아출판사, 1995
최인호, 「깊고 푸른 밤 외外」, 『한국소설문학대계 58』, 동아출판사, 1995

가와바타 야스나리, 김세환 옮김, 『천단강성전집川端康成全集 4』, 신구문화사, 1969
나쓰메 소세키, 윤상인 옮김, 『그 후』, 민음사, 2003
나쓰메 소세키, 조영석 옮김, 『한눈팔기』, 문학동네, 2011
다니자키 준이치로, 고운기 옮김, 『그늘에 대하여』, 눌와, 2005
다니자키 준이치로, 김춘미·이호철 옮김, 『만·시게모토 소장의 어머니』, 문학동네, 2012
다니자키 준이치로, 송태욱 옮김, 『세설 상·하』, 열린책들, 2007
다야마 가타이 외, 곽하신 옮김, 『일본단편문학선』, 을유문화사, 1974
모리 오가이, 권태민 옮김, 『아베 일족』, 문학동네, 2011
사토 잇사이, 노만수 옮김, 『언지록言志錄』, 알렙, 2012
시마자키 도손, 노영희 옮김, 『파계』, 문학동네, 2010
오노누키 에미코, 이향철 옮김, 『사쿠라가 지다 젊음도 지다』, 모멘토, 2004
오카자키 다케시, 정수윤 옮김, 『장서의 괴로움』, 정은문고, 2014

호쇼 마사오 외, 고재석 옮김, 『일본현대문학사 상·하』, 문학과지성사, 1988

E.M. 포스터, 민승남 옮김, 『인도로 가는 길』, 열린책들, 2006
가브리엘 타르드, 이상률 옮김, 『사회법칙』, 아카넷, 2013
게오르그 루카치, 반성완·심희섭 옮김, 『영혼과 형식』, 심설당, 1988
게일 레빈, 최일성 옮김, 『에드워드 호퍼』, 을유문화사, 2007
귀스타브 플로베르, 김화영 옮김, 『마담 보바리』, 민음사, 2000
니코스 카잔차키스, 안정효 옮김, 『영혼의 자서전 상·하』, 열린책들, 2009
니코스 카잔차키스, 이윤기 옮김, 『그리스인 조르바』, 열린책들, 2000
니콜라이 고골, 『뻬쩨르부르그 이야기』, 민음사, 2002
도스토예프스키, 힘일근 옮김, 「영원한 남편」, 『도스토예프스키전집 2』, 정음사, 1972
도스토예프스키, 이동현 옮김, 「가난한 사람들」, 『도스토예프스키전집 4』, 정음사, 1972
라이너 마리아 릴케, 문현미 옮김, 『말테의 수기』, 민음사, 2001
레온하르트 에머를링, 김광우 옮김, 『장 미셸 바스키아』, 마로니에북스, 2008
메리 W. 셸리, 오숙은 옮김, 『프랑켄슈타인』, 열린책들, 2001
모파상, 박광선 옮김, 『여자의 일생/벨 아미』, 정음사, 1963
모파상, 양원달 옮김, 『여자의 일생/피에르와 장』, 을유문화사, 1976
바바라 스톡 글·그림, 이예원 옮김, 『반 고흐』, 미메시스, 2014
수전 손택, 이민아 옮김, 『해석에 반대한다』, 이후, 2002
수전 손택, 이재원 옮김, 『은유로서의 질병』, 이후, 2002
수 프리도, 윤세진 옮김, 『에드바르 뭉크』, 을유문화사, 2005
안톤 파블로비치 체호프, 박현섭 옮김, 『체호프 희곡선』, 을유문화사, 2012
어니스트 헤밍웨이, 김석주 옮김, 「움직이는 향연」, 『헤밍웨이전집 5』, 휘문

출판사, 1970
어니스트 헤밍웨이, 주순애 옮김, 『파리는 날마다 축제』, 이숲, 2012
에드거 앨런 포, 홍성영 옮김, 『우울과 몽상』, 하늘연못, 2010
에밀 졸라, 권유현 옮김, 『작품』, 일빛, 2014
에밀 졸라, 박명숙 옮김, 『제르미날 1 · 2』, 문학동네, 2014
에밀 졸라, 정명환 · 박이문 옮김, 『나나 · 테레에즈의 비극』, 정음사, 1967
에밀 졸라, 최애영 옮김, 『꿈』, 을유문화사, 2008
오노레 드 발자크, 이동렬 옮김, 『고리오 영감』, 을유문화사, 2010
오스카 와일드, 윤희기 옮김, 『도리언 그레이의 초상』, 열린책들, 2010
요한 볼프강 폰 괴테, 정현규 옮김, 『젊은 베르터의 고통』, 을유문화사, 2010
장 그르니에, 김화영 옮김, 『섬』, 민음사, 2012
장 자크 루소, 조홍식 옮김, 『참회록』, 을유문화사, 1968
제임스 로드, 신길수 옮김, 『자코메티』, 을유문화사, 2006
존 러스킨, 이가형 옮김, 『예술경제론 깨와 백합(외)』, 을유문화사, 1964.
존 파울즈, 정종화 옮김, 「콜렉터」, 『현대세계문학전집 1』, 신구문화사, 1968
죙케 나이첼 · 하랄트 벨처, 김태희 옮김, 『나치의 병사들』, 민음사, 2015
줄리안 반스, 최세희 옮김, 『예감은 틀리지 않는다』, 다산책방, 2012
칸트, 백종연 옮김, 『순수이성비판 1 · 2』, 아카넷, 2006
캐서린 잉그램, 일러스트레이션 앤드류 레이, 옮김 문희경, 『디스 이즈 달리』, AgendA, 2014
캐서린 잉그램, 일러스트레이션 앤드류 레이, 옮김 유지연, 『디스 이즈 워홀』, AgendA, 2014
코롤렌코 외, 『세계단편문학전집 5』, 계몽사, 1966
토마스 만, 홍성광 옮김, 『마의 산 상 · 하』, 을유문화사, 2012
토마스 만, 홍성광 옮김, 『베네치아에서의 죽음』, 열린책들, 2006
토마스 울프, 김병철 옮김, 『천사여 고향을 보라』, 을유문화사, 1971

톨스토이, 박형규 옮김, 「안나 카레리나 1」, 『대大톨스토이전집 6』, 신구문화사, 1972

파트리크 쥐스킨트, 유혜자 옮김, 『좀머 씨 이야기』, 열린책들, 1997

피에르 부르디외, 최종철 옮김, 『구별짓기 상·하』, 새물결, 2006

필립 짐바르도, 이충호·임지원 옮김, 『루시퍼 이펙트』, 웅진지식하우스, 2007

한스 카로사, 김성진 옮김, 「성년의 비밀」, 『세계문학전집 5』, 동아출판사, 1959

헤르만 헤세, 김누리 옮김, 『황야의 이리』, 민음사, 1997

헤르만 헤세, 김인순 옮김, 『데미안』, 열린책들, 2014

헤르만 헤세, 전영애 옮김, 『데미안』, 민음사, 1997

헤르만 헤세, 전혜린 옮김, 「데미안」, 『노오벨상문학전집 5』, 신구문화사, 1966

수수재 독서일기

2016년 8월 20일 초판 1쇄 발행
2016년 11월 30일 초판 2쇄 발행

지은이 고재석
펴낸이 한태식
펴낸곳 한걸음 · 더

주소 100-715 서울시 중구 필동로 1길 30
전화 02-2260-3483~4
팩스 02-2268-7851
Homepage http://www.dgpress.co.kr
E-mail book@dongguk.edu
출판등록 제2-4748(2007. 11. 15)

편집디자인 다름
인쇄처 보명C&I

ISBN 978-89-93814-45-3 03810

값 15,000원